38 estrelas:

a maior fuga de um presídio
de mulheres da história

Josefina Licitra

38 ESTRELAS

A MAIOR FUGA DE UM PRESÍDIO DE MULHERES DA HISTÓRIA

Tradução | Elisa Menezes

coleção **NOS.OTRAS**

/re.li.cá.rio/

*A Joaquín,
para que conheça.*

PRÓLOGO

No início de 2011, quando eu estava trabalhando em um perfil de José Mujica então presidente do Uruguai –, entrevistei Lucía Topolansky, sua companheira afetiva e, sobretudo, uma senadora com forte presença no Parlamento. Naquela conversa, Topolansky falou da proeza coletiva que foi o Movimento de Libertação Nacional/Tupamaros (MLN-T), ao qual ela e Mujica tinham aderido nos anos 1960; contou como aquela militância era replicada nas decisões de governo; repassou sua própria vida e rememorou os acontecimentos políticos e pessoais que marcaram sua juventude. Sem entrar muito em detalhes, ela mencionou então a Operação Estrela: uma fuga carcerária ocorrida em Montevidéu no dia 30 de julho de 1971, que levou à libertação de 38 presas políticas e que, até o momento, apesar de suas características marcantes, não havia sido lembrada por nenhum dos meus entrevistados anteriores.

Como tinha sido aquela fuga? Procurei mais informações na internet, mas só encontrei vazio. A ausência de dados me levou a pensar que o silêncio das pessoas com quem eu tinha falado não era uma questão circunstancial, mas o sintoma de outro silêncio maior, histórico, que caíra sobre aquele episódio. Por que ninguém falava dele? Com o passar do tempo, e após um trabalho um pouco mais persistente de pesquisa em arquivos do que o proposto pela internet, surgiram ao menos duas hipóteses.

A primeira é que, dois meses depois, em setembro de 1971, houve outra grande fuga no Uruguai, que tirou 111 homens de trás das grades da prisão de Punta Carretas – quase todos presos políticos – e ofuscou boa parte das ações militares e de propaganda feitas em datas próximas àquele acontecimento. E a segunda razão é que a Operação Estrela aconteceu num tempo que as mulheres eram vistas, mesmo nos movimentos de esquerda, sob uma ótica que as limitava ao cercado das "pequenas coisas"; um lugar desvalorizado, inofensivo e distante das marcas discursivas que hoje nos permitem falar em igualdade de gênero.

O esquecimento virtual que caiu sobre a Operação Estrela era, portanto, fruto cultural de uma época que usava diferentes medidas para construir sua memória. E que, salvo uma exceção, tinha estendido furtivamente até o presente suas formas de nomear e silenciar.

Apenas um livro dedica lugar central à fuga da prisão de Cabildo – foi de lá que elas escaparam. Chama-se *Historia de 13 palomas y 38 estrellas* [História de 13 pombas e 38 estrelas] e foi escrito por Graciela Jorge, jornalista e militante tupamara que participou da fuga e, décadas depois, reuniu um bom número de depoimentos anônimos que dão conta dessa ação e de um incidente anterior, menos numeroso, envolvendo 13 detentas da mesma prisão. Porém, com exceção desse título – fora de catálogo e publicado em 1994 pela TAE, uma editora tupamara, o que limitou sua circulação –, não há outras referências a um episódio que, além de ser uma ação política, contém a matéria-prima necessária para se transformar em uma crônica policial extraordinária.

A Operação Estrela (uma ação com título nebuloso: ninguém lembra por que foi chamada assim, embora acredite-se que esse nome remeta ao símbolo tupamaro, uma estrela de cinco pontas) é a maior fuga planejada de um presídio de mulheres no mundo. O único evento que a supera em número aconteceu em abril de 2014, no Chile, quando um terremoto de 8,2 graus destruiu boa parte do país e permitiu que 300 detentas de uma prisão em Iquique aproveitassem o caos para escapar (embora a maioria tenha sido recapturada depois). Mas esse acontecimento fortuito foge às coordenadas que fazem da fuga uruguaia um evento único em seu gênero. Aqui houve uma estratégia livre de cumplicidade carcerária – não houve guardas subornadas em Cabildo, ao contrário da fuga de Punta Carretas – e houve 38 militantes que fugiram pelos esgotos e que, em muitos casos, estão vivas e dispostas a contar como fizeram isso.

De todos os detalhes que compõem a fuga, há um que me comoveu especialmente. Diz respeito às ferramentas usadas pelas tupamaras para calcular onde fazer o buraco dentro da prisão. Para tomar as medidas, as presas usaram linhas e fitas métricas de costura: os materiais que recebiam na cadeia para cumprirem o papel considerado apropriado para uma mulher daqueles tempos.

O fato de as 38 "estrelas" – eram chamadas assim – terem reinventado os comandos com essa ferocidade poética me deu a força necessária para acreditar que essa história tinha várias camadas de significado. E para confiar que, uma vez retiradas, essas camadas revelariam um núcleo: um centro de fogo e escuridão que muitas mulheres – não apenas as fugitivas – poderiam sentir como seu.

Todo o resto, para além dessa busca, é jornalismo e – espero – literatura. É este livro. E é feito de versões.

Cada entrevistada tem uma. Por isso, este trabalho incorpora, também, uma pergunta imensa sobre como a memória é construída. As mulheres que deram seu testemunho estão unidas pela trama argumental – todas falam da mesma história –, mas têm maneiras intransferíveis, às vezes contraditórias entre si, de evocar os detalhes.

Não foi possível, por exemplo, remontar a ordem completa da fila diante do buraco que dava início à fuga. Com exceção das primeiras posições, ocupadas pelos quadros femininos mais importantes do MLN, os demais lugares são uma controvérsia que reflete o caráter escorregadio e pessoal das lembranças, e que joga luz sobre um dos maiores capitais narrativos desta história: as vozes das "estrelas" ainda estão frescas, livres das imposturas que vão sendo tramadas, ainda que involuntariamente, quando uma história é reiterada. E, justamente por isso, são expoentes genuínos do movimento que as abrigou. "Não existe uma história oficial do MLN", escreveu na década de 1980 Eleuterio Fernández Huidobro, um dos fundadores da organização e escritor que ajudou, com sua inteligência e habilidades retóricas, a construir boa parte dessa épica. "O MLN não a tem, nem tem tempo para tê-la."

38 estrelas é, consequentemente, o resultado das certezas, das armadilhas e do caráter frondoso e dinâmico da memória. E é uma tentativa respeitosa de construir de fora, tendo estado lá apenas em pensamento, insistentemente, ao longo de vários anos, um relato imperfeito e, ao mesmo tempo, possível em torno do único fato que nunca mudará: no dia 30 de julho de 1971, 38 mulheres escaparam pelos esgotos de Montevidéu. E com essa ação, deixaram a marca silenciosa de um feito que hoje pode ser interpretado como alegoria de muitas coisas – da liberdade do corpo e do pensamento, da prepotência da juventude –, mas que surge, sobretudo, de uma necessidade intransferível e simultaneamente coletiva de sobrevivência.

É nessa urgência, de antes e agora, que homens e mulheres estamos unidos. Porque todos nós sobrevivemos a mais de uma coisa e todos fugimos de mais de um lugar. Mas, para além desse desespero atávico e comum, existe uma história e ela é fascinante. E pode ser reconstruída porque houve fugitivas que quiseram falar.

A todas elas, uma por uma, como numa fila caprichosa e de infinitas combinações, o meu obrigada.

1.

Quatro mulheres jogam truco sentadas sobre um tapete.
– Essa é com você – diz uma.
Ela olha para sua parceira e apoia uma carta sobre o pano gasto.
– Envido – diz outra.
Faz-se um silêncio breve, contaminado. Cheio do barulho doméstico do restante das presas do pavilhão. As quatro olham para o tecido onde estão as cartas. Ele está posicionado sob uma luz lívida e plana, e sobre uma superfície irregular. Em vez de chão, há uma tábua embaixo dele. Está cobrindo um buraco novo, recém-feito, com cerca de 80 centímetros de diâmetro.
– Ela tá carregada – diz uma terceira, e dirigindo-se a sua parceira: – Eu digo que não.
– Então não – diz a quarta.
Pausa.
Uma jogadora anota um ponto num papel de enrolar cigarros. Parece concentrada, e está. Mas não no carteado.
Dentro de algumas horas, se tudo correr conforme o planejado, essas detentas – e as que estão assistindo à televisão, e as que estão preparando o jantar, e as que estão rondando os quartos fingindo fazer atividades de rotina – puxarão o tapete e a tábua e escorregarão pelo buraco para se perderem nos esgotos de Montevidéu: uma cidade pequena – com pouco mais de 1 milhão de

habitantes –, onde só é possível desaparecer se você estiver debaixo da terra.

– Quer dizer que você tem medo de quem está carregado... – uma delas dá uma piscada. – Ah não, que covarde você se tornou...

As companheiras celebram a ironia com um sorriso discreto. O ar fétido, tomado pelas emanações de esgoto vindas do poço, as faz lembrar que estão na linha de largada de uma corrida orquestrada por pessoas capazes de superar o medo. Do lado de fora, durante três semanas, um grupo secreto cavou silenciosamente o último trecho do túnel – o que liga a prisão às redes de saneamento subterrâneas – e passou sob as botas das dezenas de guardas que vigiavam o perímetro do presídio.

Até que hoje, 30 de julho de 1971, esse grupo chegou ao ponto marcado no mapa: a pequena sala da área de presas políticas da prisão de Cabildo; o local onde estão alojadas 42 militantes de esquerda, a maioria pertencentes ao Movimento de Libertação Nacional/Tupamaros (MLN-T), uma organização clandestina que, décadas depois, se tornará internacionalmente famosa com a chegada de José *Pepe* Mujica – quadro político do MLN – à presidência do Uruguai.

Os escavadores terminaram sua tarefa às sete da noite e informaram isso. As detentas ouviram três batidas no chão – a senha significava "estamos embaixo" – e responderam com outras três batidas: isso queria dizer "estamos em cima". Imediatamente, fizeram pressão a partir do túnel com um macaco hidráulico e o piso rachou em centenas de fendas que as presas observaram em silêncio. Entre os escombros surgiram as cabeças de dois companheiros com luzes de mineiro na testa e o corpo coberto de pó. Dava para ver o brilho branco de seus olhos e dentes: eles pareciam felizes. E estavam.

Homens e mulheres se deram as mãos rapidamente – uma espécie de abraço – e seguiram com o plano. Eles escorregaram pelo túnel. Elas colocaram uma tábua e uma manta em cima do buraco, e continuaram como se nada estivesse acontecendo.

– Vamos ver se você prefere esta – uma interna apoia sua carta. – Truco.

As outras sorriem.

Mas sempre sorrindo por causa daquela outra coisa.

A dez quarteirões da prisão, cinco tupamaros finalizam os detalhes de um plano que vem sendo tramado há cinco meses. Eles entram e saem de uma casa, conferem a relação de carros que levarão as fugitivas conforme elas saiam do chão e repassam a lista dos locais onde elas serão temporariamente abrigadas. Respira-se um otimismo tenso. Talvez, eles pensam, a ação consiga cumprir seu objetivo: recuperar companheiros – se possível, sem derramar sangue – e dar um golpe moral que exponha ao ridículo as instituições da democracia burguesa.

Uma gangue de presas políticas esvaziando a prisão de Cabildo era, além de uma proeza, uma provocação brutal ao governo de Jorge Pacheco Areco: um presidente que assumiu legalmente em 1967 – substituindo outro mandatário que havia morrido e levado Pacheco Areco, então vice-presidente, a ocupar seu lugar – e que, desde então, conduzia uma gestão marcada por austeridade econômica, repressão social e pela prisão fácil de militantes. A instauração intermitente das medidas emergenciais de segurança, um eufemismo para "estado de sítio", que permite à polícia deter cidadãos sem respeitar suas garantias constitucionais, vinha colocando atrás das grades centenas de integrantes de partidos e movimentos de esquerda. E conseguiu que, desde o minuto zero, e diante da certeza de que não teriam um julgamento justo, todos considerassem a opção de fugir.

No caso do MLN, a possibilidade de escapar é muito mais que um plano de fuga: é uma manobra romântica que ajudará a construir um mito dentro da esquerda latino-americana. Os tupamaros não querem apenas tomar o poder por meio da ação armada – a exemplo de muitos outros movimentos das décadas de 1960 e 1970 –, como perseguem seu objetivo com procedimentos de alto nível de cálculo, criatividade e ousadia. Os tupamaros roubam bancos, tomam povoados, assaltam caminhões com mercadorias que, depois, distribuem nos bairros pobres, denunciam para o Tesouro empresas com operações obscuras, furtam armas das casas dos próprios militares, realizam sequestros usando carros roubados que, depois, devolvem aos donos, e pensam as fugas com a ousadia de um desesperado – o movimento tem membros de origem operária e rural – e o cálculo de um ilustrado: há também integrantes da classe média universitária.

Em 8 de março de 1970, 16 meses antes dessa fuga, o MLN já tinha organizado com sucesso a Operação Paloma ["pomba", em espanhol], com a qual tirou 13 presas dessa mesma prisão. E agora, segundo semestre de 1971, ele tem mais duas ações planejadas. A primeira é o resgate da prisão de Cabildo. E a segunda – dois meses depois – é a fuga da prisão masculina de Punta Carretas: evento ao qual se referirão como o Abuso – porque a quantidade de detentos liberados será, dirão com ironia, "um abuso" –, que colocará na rua 111 presos, quase todos políticos, e que entrará para o *Guinness*, o livro dos recordes, por sua dimensão escandalosa.

Sobre o Abuso, foram publicados livros e artigos, entrevistas foram concedidas e documentários foram realizados. Em comparação, sobre a Estrela não houve quase nada. Porque qualquer ação próxima ao Abuso corre o risco de parecer pequena. E também, provavelmente, por outras razões que não têm a ver com tamanho.

Ou têm a ver sim, depende do ponto de vista.

A Operação Estrela foi protagonizada por mulheres. Apesar de ter sido tramada do lado de fora por homens. No dia 30 de julho, a dez quarteirões da prisão, um deles inspeciona com o olhar. Capas de chuva, sapatos, armas, balas, documentos falsos, algum dinheiro caso o plano falhe e seja preciso sair correndo antes da hora: está tudo ali, à espera.

– Quero retruco.

E todas, na prisão, também estão à espera.

São nove da noite. Logo o pavilhão ficará virtualmente vazio. Apenas quatro militantes permanecerão do lado de dentro: duas grávidas (Luz María González e Ana María Da Costa) e duas que estão prestes a ganhar a liberdade e voltar à rua sem o peso da clandestinidade (América García e María de los Ángeles Balparda). As outras, porém – sobretudo tupamaras, mas também anarquistas e comunistas –, farão parte de uma história que deixará uma marca e uma tradição. Quando, em 1975, na província de Córdoba (Argentina), a organização Montoneros planejar a fuga do presídio de mulheres do Buen Pastor – que libertará 26 militantes de esquerda –, parte da assessoria virá de algumas pessoas que participam da Operação Estrela.

Mas agora ninguém está pensando no futuro. O porvir é um horizonte necessário como suporte ideológico do MLN – em função disso é que se luta –, mas é um estorvo nas ações militares: quando se cai nas categorias do Tempo, o medo chega. E não se pode agir com medo.

Os minutos que precedem a fuga são observados pelas detentas com o olho matemático com que se analisa o tabuleiro de um jogo de estratégia. Às dez da noite, elas veem as carcereiras fazerem sua ronda final. O pavilhão das presas políticas é como uma casa com vários ambientes – há um único cadeado que fecha a porta principal –, onde cada presa, como planejado, cumpre uma função. Algumas recebem remédios e comprimidos para dormir. Outras limpam, leem, estudam, cozinham, bebem mate ou jogam cartas. As vigilantes as observam sem emoção: tudo parece normal, então elas trancam à chave a grade central e – isso elas não sabem – deixam o setor à própria sorte.

Graciela Jorge, 23 anos, uma das maiores referências femininas do movimento, senta-se então em seu beliche e faz uma última inspeção.

Os "bonecos" já estão prontos – pijamas que, no último momento, foram recheados com roupa – e estão sendo colocados nas camas para simular que as presas estão dormindo.

Os rádios já estão ligados com o dial dessintonizado, para que o crepitar da estática gere um barulho semelhante a um coro de roncos.

As quatro detentas que não participarão da fuga já estão indo dormir à parte: isolá-las é uma forma de protegê-las.

O resto já está se vestindo apropriadamente: calças com as barras dentro das meias, uma saia enrolada na cintura, tênis bem-amarrados, um lenço branco pendurado na parte traseira do cinto – para servir de guia àquela que vai atrás – e outro lenço no cabelo, para não se sujar demais com as descargas dos esgotos.

E a ordem da fila já está clara: haverá três grupos. O primeiro, de pessoas da direção e companheiras com as penas mais pesadas. O segundo, das que têm penas mais leves, priorizando as que se encontram no setor militar. E o terceiro, das organizações que não são tupamaras.

É hora de ir.

Às dez e meia da noite, três internas retiram as cartas do tapete, puxam a tábua e ficam de cara para a exalação cavernosa do buraco. A primeira – Alicia Rey Morales, *A Negra*, o quadro feminino mais importante – senta-se na beira, deixa as pernas penduradas e salta em um buraco do qual nada se sabe, nem mesmo onde termina. Logo toca o fundo. O espaço é mínimo e só lhe permite, tateando, ficar de quatro. Ela consegue; olha para a frente: há um túnel carregado de um ar pegajoso como uma pança cheia de petróleo. Mede 18 metros, é estreito e termina em um esgoto, mas ela não se importa. *A Negra* desaparece com o apetite de uma doninha.

Outras 37 mulheres vão atrás dela.

2.

Anos depois, duas coisas serão ditas sobre Alicia Rey Morales. A primeira, que ela era feia. Um julgamento malicioso que talvez tenha sido ampliado por uma suspeita – uma certeza, para quase todos os tupamaros – que recai sobre ela: foi uma traidora. Passada a fuga, na clandestinidade junto a seu parceiro – Amodio Pérez, uma figura importante do MLN –, Rey Morales negociará com as forças armadas uma saída para a Espanha e, em troca, aparentemente venderá seus companheiros, que décadas mais tarde a descreverão assim:
– Ela era sinistra.
– Ela era sombria.
– Ela era horrível.

Embora o seu registro na ficha criminal – uma das poucas imagens disponíveis – mostre um fulgor áspero em seus traços ameríndios e uns olhos feito escudos submetidos à corrosão que o tempo imprimiu no papel fotográfico, as palavras serão sempre isto: representações do repúdio.

Mas essas qualidades aparecerão mais tarde, quando todos souberem que Rey Morales falou e desapareceu para sempre. Agora, *A Negra* Alicia é respeitada na organização e só divide responsabilidades com algumas poucas companheiras. Entre elas está Graciela Jorge, a segunda na fila e que faz parte, assim como *A Negra*, da "comissão de fuga" da prisão.

Toda vez que um tupamaro cai preso ele se concentra num único objetivo: fugir. Essa pulsão escapista está enquadrada, por sua vez, em uma tradição que nasceu no início do século XX, com a chegada ao Uruguai do chamado "anarquismo expropriador": uma variante do anarquismo que realizava assaltos – chamados de "expropriações" – a diversas instituições burguesas (principalmente bancos) como forma de obter recursos econômicos para a luta política. Esse modo delituoso levou alguns militantes para a prisão. E todos eles, cientes de que o confinamento poderia ser longo, entenderam que a única forma de sair rápido era por meios próprios. E assim planejaram a primeira grande fuga.

No dia 18 de março de 1931, 11 presos liderados pelo anarquista argentino Miguel Arcángel Roscigna escaparam da prisão de Punta Carretas por um túnel de 50 metros construído pelo lado de fora. Para fazê-lo, outros companheiros tinham alugado previamente um imóvel onde montaram uma carvoaria de fachada, e de lá empreenderam uma obra de engenharia subterrânea que levou um ano e meio para ser finalizada. Os detentos saíram por esse túnel e, ao fugir, inauguraram um procedimento que seria evocado como antecedente décadas depois, diante de cada fuga organizada pelo MLN.

Assim como as ações anarquistas, as fugas dos tupamaros eram arquitetadas de modo metódico, paciente e discreto. Poucas pessoas podiam estar a par, para reduzir o risco de que a informação vazasse. É por isso que nas prisões havia sempre uma comissão secreta encarregada do assunto.

Graciela Jorge estava nela. Uma de suas funções consistia em fazer a ligação entre o "dentro" e o "fora". Junto com outras internas, ela enviava dados a seus companheiros – os que estavam em liberdade e os que estavam presos em Punta Carretas – por intermédio dos advogados, comuns às duas prisões, e também por duas vias alternativas: mensagens cifradas que só poderiam ser decodificadas com a ajuda de um livro previamente pactuado (o código "140 10 4" significava "página 140, linha 10, letra 4") e "cápsulas": papéis de enrolar cigarros que eram escritos, dobrados e envolvidos com várias camadas de fita adesiva até ganharem o formato de uma pílula, que era passada de mão em mão na barra de uma calça ou, se a visita fosse conjugal, por um beijo.

Graciela aproveitava qualquer via, menos a conjugal. Seu parceiro, Eleuterio "O Ñato" Fernández Huidobro, membro da primeira direção do MLN, não podia visitá-la porque estava encarcerado em Punta Carretas. Por isso, no dia 30 de julho de 1971, quando Graciela rasteja na escuridão do túnel que a levará ao esgoto, faz isso sabendo que lá em cima, na rua, na vida que a espera fora da prisão, seu companheiro não estará esperando.

Talvez isso a angustie, mas ela não demonstra. Ao olhar para Graciela – seus lábios tensos, suas pupilas concentradas – é difícil saber se ela sente saudade. Mesmo que exista amor e que no futuro ela tenha uma filha com *O Ñato*, esta noite seu rosto parece não ter pensamento. Nos esgotos, seus movimentos são graciosos e pontuais; Graciela se desloca com a leveza de quem não carrega um passado. E olha que o passado de Graciela é longo. Dependendo do ponto de vista, é até mais longo do que a vida que está por vir.

Graciela nasceu em Paysandú, um departamento de perfil industrial no oeste do Uruguai que, em meados do século XX, começou a se tornar permeável às ideias de esquerda. Os produtos que saíam das fábricas locais iam para a Europa, eram etiquetados e voltavam para a região na qualidade de importados e a um preço mais alto. E essa lógica asfixiou lentamente a população local, vinculada à atividade fabril em todas as suas camadas.

Para além desses descontentamentos regionais, havia também o problema do país em geral. Até a década de 1950, o Uruguai – com cerca de 3 milhões de habitantes – tinha seguido um modelo de Estado benfeitor que conseguira se sustentar graças à bonança advinda da Segunda Guerra Mundial e da Guerra da Coreia, dois conflitos que tiveram Uruguai e Argentina como celeiros do mundo. Porém, terminadas as guerras, o ajuste chegou. Estados Unidos e Europa fecharam suas fronteiras alfandegárias, o Uruguai parou de exportar em grande escala e, no início da década de 1960, a economia entrou numa espiral inflacionária e recessiva que insuflou os ânimos populares.

Graciela iniciou sua militância no calor daquele cansaço nacional, ao qual se somavam as reivindicações territoriais. Primeiro ela ingressou no Centro Único de Estudantes Sanduceros – de Paysandú – e depois, até o final do ensino secundário, na Associação de Estudantes do Interior, organização que tinha contato permanente com o Centro Socialista dirigido por Raúl *Bebe* Sendic: o futuro fundador do MLN-T, o maior líder da esquerda uruguaia em geral e da história do movimento tupamaro em particular, e o homem a quem todos, inclusive José Mujica, evocariam toda vez que falassem de um patriarca político.

Existem várias fotos de Sendic. Boa parte são posteriores à retomada da democracia – o Uruguai viveu sob ditadura entre 1973 e 1985 – e o mostram com o maxilar inferior levemente desalinhado: consequência de um tiro que tomou em 1972, quando caiu em uma emboscada e um policial atirou em seu rosto. Mas há também imagens mais antigas, em que Sendic se parece ao jovem que ele deve ter sido no início dos anos 1960, quando começou a militar. Nelas, vê-se um homem loiro, de cílios longos e olhos claros e um nariz fino que, anos depois, ganharia a forma de um caroço, após uma cirurgia plástica que Sendic faria para despistar seus perseguidores. De qualquer modo, nenhuma dessas fotos mostra o mais importante que se diz sobre ele: que era calado, metódico e carismático. Que tinha uma influência animal sobre as pessoas. E que não havia maneira de pensar o movimento tupamaro e seus desdobramentos sem antes dizer o seu nome.

É por isso que agora, sob a palavra *Sendic,* abro um parênteses.

Raúl Sendic nasceu no departamento de Flores – interior do Uruguai – e se mudou para Montevidéu a fim de estudar direito. O curso tinha duração de seis anos, mas ele cursou cinco anos e meio – o suficiente para ser procurador – e então deixou cidade e faculdade para construir, no campo, uma corrente que se diferenciaria do resto da esquerda pela supremacia dos atos sobre a retórica. Diante de um país empobrecido, que havia deixado de ser "a Suíça da América" e começava a ser atingido pelas políticas liberais – o que significava demissões, problemas sindicais e militarização dos espaços de trabalho –, Sendic resumia sua proposta em uma linha que se tornaria histórica: "As palavras nos separam e as ações nos unem".

Era uma boa frase de efeito. Sendic sabia que as ações também dividem, que algumas palavras unem e que não há ação que não carregue uma ideia em sua semente. Mas usou esse lema para promover uma demanda urgente: deixar de lado as intermináveis divergências que existiam dentro da esquerda e se armar – inclusive literalmente – em prol de um objetivo comum.

As condições eram propícias para dar esse passo. Em 1959, a Revolução Cubana, a mais grandiloquente das várias façanhas independentistas que avançavam na América Latina e na África, tinha convencido toda uma geração de que uma mudança radical era possível. Mas havia o risco, pensava Sendic, de que aquele pavio que tinha sido aceso no Caribe acabasse se apagando nas diletantes conversas de bar. Por isso era urgente sair da cidade e se concentrar nas áreas rurais. O cenário de combate do insurgente, como já dissera Ernesto *Che* Guevara em *A guerra de guerrilhas* e como também sustentava a teoria chinesa de Mao Tse Tung, começava no campo: lá havia mal-estares suficientes para acender uma boa fogueira.

Sendic foi nessa direção. Primeiro se instalou em Paysandú – onde vivia Graciela Jorge, ainda uma criança – e depois subiu até Bella Unión, uma localidade de Artigas, na fronteira entre Brasil e Argentina, onde mobilizou forças através dos "sindicatos rurais" e se concentrou na organização dos trabalhadores dos engenhos de açúcar.

Os *cañeros* [como eram chamados] eram escravizados pelas empresas estrangeiras, que os exploravam por até 15 horas diárias e os obrigavam a viver em barracões miseráveis, incendiados pelos patrões assim que a colheita terminava. Sendic os encorajou a se conscientizarem, deu a eles assessoria jurídica e os reuniu na União de Trabalhadores Açucareiros de Artigas (UTAA): um sindicato fundado em 1961 em um prostíbulo, e que começou a ocupar engenhos de açúcar e a fazer marchas até Montevidéu reivindicando uma lei que estipulasse uma jornada de 8 horas e melhorias nas condições de trabalho.

A primeira dessas marchas aconteceu no dia 1º de maio de 1962 e foi um tapa na cara da plácida moral do progressismo urbano. De jaqueta de couro, montado em uma Harley Davidson da Primeira Guerra Mundial e debaixo de uma crosta de poeira, Sendic entrou na cidade encabeçando a marcha dos "peludos", termo que começou a ser usado para identificar os *cañeros*, que usavam barba e cabelo compridos.

Diante dessa realidade, os legisladores sentiram-se circunstancialmente comovidos e obrigados a fazer promessas – como uma reforma na legislação trabalhista – que nunca cumpriram; os sindicalistas de escritório se esconderam, provavelmente, em seus escritórios; e certos militantes se aproximaram para construir laços. Eram os integrantes do Coordenador: uma recém-criada coalizão de partidos marxistas, integrada, entre outras pessoas, por Amodio Pérez, futuro companheiro da *Negra* Alicia, e *Ñato* Fernández Huidobro, futuro marido de Graciela Jorge.

Foi com eles, pontualmente com *Ñato*, que Sendic tramou a primeira ação guerrilheira da história do Uruguai. A UTAA – os *cañeros* – e o Coordenador trabalhariam juntos na "expropriação" de vários rifles do Clube de Tiro de Nueva Helvecia, cidade hoje conhecida como Colonia Suiza, e usariam esse arsenal para tomar duas fazendas no norte do país.

O roubo não exigia grandes logísticas: bastava criar coragem para fazê-lo. E, em 31 de julho de 1963, eles deram esse passo. Um grupo de encapuzados levou 30 armas e 4 mil balas numa operação que teve pelo menos dois percalços. O primeiro é que o arsenal não era o que imaginavam: os fuzis eram relíquias trazidas pelos imigrantes fundadores do clube, seus ferrolhos estavam quebrados e era muito difícil inserir munição neles. E o segundo é que a Kombi que levava o saque teve um pneu furado e capotou, e as armas caíram na estrada como um punhado de galhos secos. Embora tenham sido escondidas a tempo, restaram vestígios suficientes para que a polícia investigasse, relacionasse o acontecimento aos *cañeros* e emitisse um mandado de prisão contra Sendic, que teve de entrar para a clandestinidade.

Na fronteira com o Brasil, com outro nome, Sendic construiu uma vida nova na qual se fazia passar por um curandeiro de animais. O contato com sua família era mínimo. Pode-se dizer que Nilda Rodríguez, sua parceira na época, encontrava-o o suficiente para seguir procriando. Ao filho que eles já tinham somou-se uma segunda gravidez. Depois houve a separação, e alguns anos mais tarde, com Sendic ainda clandestino, chegariam outros dois filhos da parte de Violeta Setelich, uma tupamara com quem Sendic estabeleceria outro relacionamento, que terminaria algum tempo depois.

A ordem que Sendic aplicava a sua vida militante não encontrava paralelo – pelo menos não um evidente – em sua vida pessoal. Sendic era um tanto caótico com as mulheres. Depois de Violeta viria Yenny Itté, com quem teria uma filha, e finalmente ficaria com a irmã de Yenny: Xenia Itté, que acabaria sendo sua companheira até 1989, ano em que Sendic morreu.

Em Sendic, a clandestinidade parecia um estado mais hormonal que político. Ele navegava bem nessas águas. No Brasil, dedicou-se a curar bichos com creolina – um placebo que ele encontrou e que lhe permitia se passar por médico curador –, ao mesmo tempo que fortalecia os fios de um agrupamento que continuou a crescer e que surpreendeu novamente a população urbana com uma segunda marcha *cañera*, superior à anterior.

Em 20 de fevereiro de 1964, vários ônibus lotados de famílias "peludas" saíram de Bella Unión e entraram em Montevidéu com um lema que apontava para a destruição do latifúndio e o fortalecimento de um líder: "Pela terra e com Sendic". Ainda que o episódio não fosse completamente novo – a primeira marcha já tinha acontecido –, a quantidade de manifestantes fez a diferença e levou a esquerda da cidade a falar em "peludização", termo que aludia à importância de coroar a militância através da experiência do trabalho rural e que resumia um mapa de ideias responsável por impactar as mulheres que, anos depois, acabariam fugindo na Operação Estrela.

Para muitas – a maioria adolescentes –, a chegada daqueles camponeses, uma classe de assalariados subjugados e explorados que recebia em vales e não em dinheiro, foi um dos maiores estímulos na hora de optar pela militância de base. E para outras, um pouco mais velhas, que vinham do interior de ônibus, aquela marcha deu voz e rosto a um feito cada vez mais poderoso que não era urdido nos debates do Sorocavana – o café frequentado pelos intelectuais –, e sim no esforço envolvido em se arrebentar de trabalhar sobre um pedaço de terra.

Graciela Jorge era uma fusão particular entre os dois grupos, o rural e o urbano. Morava no interior, mas não se dedicava às tarefas do campo; construía-se politicamente nos espaços de estudo. Foi assim que Sendic a conheceu: adolescente e convicta, acompanhando

Raúl Jorge – seu irmão 11 anos mais velho – a reuniões militantes. Talvez por isso, por enxergá-la como terna e leal, ao entrar para a clandestinidade Sendic elegeu Graciela para levar informações aos seus esconderijos sem levantar suspeitas. Graciela cumpria sua função disciplinadamente e, conforme o fazia, ia se fortalecendo dentro de um movimento que também estava ampliando seu fluxo.

O crescimento acontecia à mão armada. Sem serras como as de Cuba, a insurgência uruguaia não podia se esconder na geografia e precisava tramar a revolução a partir de uma coordenada urbana. Foi assim que, entre 1963 e 1966, a UTAA e o Coordenador se uniram para executar ações na cidade. Ao roubo de armas no Clube de Tiro Suíço, seguiram-se alguns assaltos a bancos e alguns "comandos da fome", que assaltavam caminhões de alimentos os quais, depois, eram distribuídos nos bairros pobres.

Os ataques eram cada vez mais frequentes e ambiciosos. E acenderam o alerta de um inspetor que seria lembrado como o maior caçador de tupamaros da história e como o único adversário que Sendic reconheceria como um rival digno: o comissário Alejandro Otero, chefe do Servicio de Inteligencia y Enlace (SIE) da polícia uruguaia.

Sendic e Otero tinham se visto em 1962, quando a primeira marcha *cañera* terminou em conflito e Sendic foi preso por algumas horas. Mas não tinham se cruzado de novo, entre outras razões porque Sendic estava na clandestinidade. No entanto, com o passar dos anos,

Otero começou a relacionar os assaltos à militância: ele suspeitava que aqueles episódios não eram obra de ladrões comuns – como acreditavam o restante da polícia e a imprensa –, mas expressões de uma organização subversiva. E toda vez que ele detinha um delinquente, fazia-lhe perguntas para confirmar ou refutar essa ideia.

– Tenham cuidado – Sendic chegou a dizer direto do Brasil –, porque se caírem na Inteligencia y Enlace, tem um policial jovenzinho de franja que não grita e não se altera, mas que pergunta e pergunta e te faz cair em contradição, e quando você se dá conta, já está preso.

Os integrantes da UTAA e do Coordenador ficaram em alerta. Se o comissário Otero continuava ligando os pontos, o melhor era unir forças e pensar uma identidade comum que descolasse os nomes das organizações – UTAA e Coordenador – de qualquer conotação "antissistema". Foi assim que eles começaram a se chamar entre si de "tupamaros" – um nome que respondia à rebelião frustrada do caudilho Túpac Amaru contra os realistas no Alto Peru – e que realizaram as ações seguintes amparados por essa assinatura, que cresceu até se transformar, em 1965, no Movimento de Libertação Nacional/Tupamaros (MLN-T).

Como um cão de caça, Otero seguia os rastros daquela sigla que estampava os muros de Montevidéu. E em 1966 obteve os primeiros resultados. Uma Kombi da organização caiu, houve um primeiro companheiro morto – Carlos Flores – e houve indícios que ligavam Flores a vários militantes, entre eles, Graciela Jorge.

Graciela, então com 18 anos, estava consolidada no MLN, morava em Montevidéu – para onde tinha se mudado a fim de ingressar no ensino superior, já que no interior não havia faculdades – e trabalhava no *Época*: um jornal de esquerda por onde Flores também havia passado. O comissário Otero soube dessa informação ao invadir a casa do morto, nos arredores da capital, e na mesma hora partiu para a redação do jornal.

Graciela estava no terceiro andar quando ouviu o barulho de pneus freando na porta principal. Olhou para suas companheiras. Também trabalhavam no *Época* América García, uma tupamara que anos depois se tornaria anarquista, e Edith Moraes, outra militante que fugiria com Graciela na Operação Estrela. Edith olhou pela janela.

– Tem uma viatura, e uns *tiras* estão entrando – disse. "Tira", que é "rati" ao contrário, era uma das formas como eles chamavam a polícia naquela época.

Elas precisavam sair dali o quanto antes. Graciela, América e Edith atravessaram corredores e depósitos de materiais até chegar ao corredor interno do cinema York, que funcionava na galeria vizinha ao jornal, na avenida 18 de Julio. Por essa passagem chegaram à rua e se perderam discretamente entre as pessoas, bem na hora que a polícia estava entrando no prédio.

Com essa fuga, as três mulheres passaram a integrar o grupo quase inaugural de clandestinos do MLN. Isso significava abandonar a vida tal qual conheciam. Teriam que usar documentos falsos, deixar de ver a família e adotar um nome de guerra. Essa mudança provocou vertigem em Graciela e Edith, mas afundou América numa dimensão estática e escura, porque ela tinha uma bebezinha. E 17 anos.

América era uma jovem muito bonita, com um rosto fresco e exuberante como uma fruta no ponto perfeito. Tinha saído de Rivera, no norte do Uruguai – fronteira com o Brasil –, aos 16 anos, com destino a Montevidéu. Lá ela poderia exercer o cargo de professora sem ter concluído o ensino secundário e também poderia se distanciar de um sofrido universo familiar. América era fruto de um caso amoroso entre seu pai e a esposa de um fazendeiro alemão, e nascera como resultado de uma transação atípica: a mulher seguiria com a gravidez – não abortaria –, mas não se encarregaria da maternidade.

Portanto, América cresceu com um pai que morreu jovem, de problemas cardíacos, uma mãe "desconhecida", e tios e avós paternos que se encarregaram de criá-la. Ficou com eles até os 16, sem muitas raízes às quais se apegar, e junto com sua amiga Élida Valdomir – que anos depois fugiria na Operação Estrela –, mudou-se para Montevidéu, como se essa viagem fosse o ápice do desapego que havia começado com seu nascimento.

Mas não foi fácil deixar o passado para trás. Já na cidade, América – que havia militado no socialismo em Rivera – contatou o Coordenador, entrou para o grupo e formou casal com um de seus quadros: Hébert Mejías Collazo, um homem casado. A relação era tão irregular que, durante uma detenção, a polícia ameaçou processar Mejías Collazo por estupro. Mas a intimação não surtiu efeito. Aos 17, América deu à luz Claudia Mariela, a primeira dos três filhos que teria com seu companheiro, o qual tempos depois se separou de sua mulher para ter uma relação formal com América.

Isso não bastou para garantir a ordem familiar. A bebezinha ficou num limbo quando seus pais entraram para a clandestinidade. Era impossível se esconder com uma criança de colo, por isso Claudia Mariela ficou aos cuidados de dois amigos: Andrés Cultelli, diretor do *Época*, e sua mulher, uma psicóloga infantil. Os Cultelli já tinham quatro filhas e receberam a neném como mais uma, sem desconfiar de que essa custódia, que inicialmente seria de alguns meses, se estenderia – por razões políticas – até os 8 anos: idade que Claudia Mariela tinha quando pôde voltar para sua mãe.

No começo – ou sempre – a distância foi árdua. A bebê ficava com febre toda vez que América a visitava, e a mãe começou a se afundar num poço de culpa do qual só saía parcialmente quando pensava em grandes objetivos: a revolução, a felicidade de todas as crianças do mundo.

Era difícil para ela. Militar em uma guerrilha urbana não era uma atividade compatível com a maternidade ou a paternidade. Dentro do movimento, era explicitamente desaconselhado ter filhos. Graciela Jorge e Ñato Fernández Huidobro, por exemplo, tiveram uma filha logo depois da fuga da Estrela, convencidos de que a morte era iminente e urgidos a deixar um rastro vivo do amor que sentiam um pelo outro. Mas até que a morte fosse quase uma certeza, os filhos não eram uma opção.

Foi o que entenderam Graciela e *Ñato*, que passaram os três anos de clandestinidade num rancho nos arredores de Montevidéu, perto do novo esconderijo de *Bebe* Sendic – que tinha deixado o Brasil para se instalar numa base militante chamada Solymar – e em meio a uma violenta solidão. Sem bons documentos falsos e com um disfarce frágil – para todos os efeitos eram, simplesmente, um casal jovem que tinha se mudado para o campo –, eles andavam a pé ou de bicicleta, com um pedaço de pau ou um machado no ombro e com o alarme interno ligado para detectar sinais suspeitos que os obrigassem a debandar.

Poderia acontecer a qualquer momento. De 1966 em diante, o agrupamento tinha crescido de forma exponencial. No início, havia 50 membros, mas em 1969 eles já eram 5 mil integrantes ativos que participavam de ações cada vez mais ousadas e que obrigavam o movimento a tomar mais precauções, já que estavam expostos a uma maior quantidade de baixas.

Uma delas foi a de *Ñato*. Ele caiu preso em outubro de 1969, durante a tomada de Pando: a ocupação de um vilarejo por 49 tupamaros, que invadiram a delegacia, o corpo de bombeiros, a central telefônica e alguns bancos, com um resultado que seria lido de mais de uma maneira. Para alguns, a manobra foi um sucesso: grandiloquente, permitiu que se apossassem de 200 mil dólares – uma cifra exorbitante para a época – e alimentou a mística guerrilheira a ponto de, tempos depois, em julho de 1970, a organização Montoneros considerar Pando o modelo para a "Tomada de La Calera", a invasão armada de uma cidade de Córdoba.

Para outros, porém, foi um desastre: 3 tupamaros morreram e 20 caíram presos.

Positiva ou nem tanto, essa ação foi a primeira de uma série de episódios de alto risco que terminariam levando Graciela, junto com outras militantes, à prisão de Cabildo. A organização tinha crescido não apenas em número de pessoas, mas também em prepotência, e esse excesso tinha começado a se virar contra ela. O começo do fim – desse primeiro fim, pelo menos – ocorreu em 31 de julho de 1970, quando o MLN sequestrou dois funcionários estrangeiros para usá-los como moeda de troca com o governo. Se não libertassem 150 presos tupamaros – entre eles parte da direção original, *Ñato* incluído –, o movimento mataria os reféns: Aloysio Dias Gomide, cônsul brasileiro, e Dan Mitrione, membro da Oficina de Segurança Pública (OSP), integrada por ex-agentes do FBI e agentes da CIA.

Ao contrário do que se esperava, o presidente Jorge Pacheco Areco se recusou a negociar, portanto o MLN teve de decidir o destino dos sequestrados. Para debater isso, a segunda direção – que tinha sido montada para substituir a primeira, cuja maioria dos membros estava na prisão – marcou uma reunião de altas patentes, para a qual Graciela foi convocada. O encontro aconteceu em um apartamento da rua Almería, em Malvín, bairro de classe média de Montevidéu, e foi organizado ignorando-se um dado essencial: o local estava fichado pela polícia.

Às 8 da manhã de 17 de agosto de 1970, os primeiros a tocarem a campainha foram dois inspetores de polícia. Quem abriu a porta e os examinou foi Edith Moraes, que tinha sido colega de Graciela no *Época*. A organização avançava de modo compartimentado, o que significa que não se conhecia o rosto de todos, apenas daqueles com quem se operava diariamente. Mas aquelas caras, pensou Edith, não eram apenas um mistério – isso podia acontecer –, elas pareciam feitas de outra matéria: tinham o brilho e a frieza do metal. Antes que pudesse entender que os homens eram policiais, Edith foi atacada e empurrada para dentro da casa com brutalidade discreta. Não chegou a dar o sinal combinado para dissuadir o restante de entrar no local – baixar a persiana da sala de estar –, portanto restava apenas esperar. Os inspetores se sentaram no sofá e obrigaram os detidos, Edith e Asdrúbal Pereira Cabrera, a continuarem abrindo as portas do que havia se transformado numa ratoeira. A próxima a cair foi Alicia Rey Morales. Depois chegou Graciela.

Nada nem ninguém ajudou-a a se safar. Os tupamaros estavam desgastados pelos sequestros – o trato com os reféns era árduo – e para piorar estava chovendo, portanto os telefones – outra eventual ferramenta para avisar sobre um problema – funcionavam mal, e os *walkie-talkies* estavam falhando, como quase sempre. Então Graciela, desprovida de sinais, caminhou até a rua Almería e parou em frente ao número 4.630. Mal fez isso, viu dois sujeitos andando em sua direção.

"Estou frita", pensou. Mas já era tarde. Se tentasse fugir levaria um tiro. A porta se abriu.

– Pois não – disse um homem.

Havia alguma remota chance de que aquilo não fosse uma armadilha? Sem muita escolha, Graciela seguiu o script como se estivesse se entregando a um último gesto de fé e deu a senha combinada:

– Vim ver o doutor Mardones.

Mal terminou de dizer a frase e sentiu o cano frio de uma 45 na cintura. Os caras que vinham pela rua a empurraram para dentro da casa e fizeram que ela se sentasse. Rígida em uma poltrona, com uma arma apontada para a têmpora, Graciela passou o resto da manhã vendo os demais tupamaros entrarem e se renderem diante da possibilidade de que ela levasse um tiro. O último a chegar foi Sendic. Aos 37 anos, e após 7 anos clandestino, foi capturado em um episódio que seria lembrado como "a queda de Almería" e que marcaria a história de tal maneira, dentro e fora da organização, que o cineasta grego Constantin Costa-Gavras o recriaria, anos depois, em seu filme *Estado de sítio*, feito com a assessoria de membros do MLN.

Graciela e os demais detidos foram transferidos para a chefatura, onde foram interrogados com um único objetivo: saber a localização do cativeiro no vilarejo onde estavam os dois estrangeiros sequestrados. Os interrogatórios já incluíam torturas, isso porque o comissário Alejandro Otero tinha sido afastado de seu cargo por se recusar a aplicar torturas.

– Você faz a pergunta ao detido e depois deixa que ele fale – dissera Otero a um subalterno meses antes de ser transferido. – Não precisa acreditar nele, escreva a resposta à máquina e o faça assinar. Aí continue a interrogá-lo e, de vez em quando, volte à mesma pergunta que o deixou em dúvida, mas faça-a de maneira diferente. Escreva-a novamente no papel e mande ele assinar. Desse jeito, quantas vezes for preciso. Você vai ver as contradições que surgem numa declaração sobre um mesmo fato.

Otero confiava nas perguntas, mas a polícia – pressionada pela CIA – precisava de procedimentos mais persuasivos. Por isso, em janeiro de 1970, Otero foi substituído por Antonio Píriz Castagnet, um inspetor famoso por ser, diziam os tupamaros, "um filho da puta". Essa troca, contrariando todas as expectativas, beneficiou o movimento. *Ñato* Fernández Huidobro estava convencido de que a inteligência de Otero acabaria por aniquilá-los e de que em termos estratégicos era melhor estar nas mãos de animais.

Não estava errado. Mesmo sob tortura, ninguém entregou a localização do cativeiro na chefatura. E isso resultou em um desdobramento que marcaria um antes e um depois dentro da organização. Dado que o governo de Pacheco Areco se recusava a liberar prisioneiros, era preciso decidir o destino dos reféns dentro do MLN. Com a cúpula diretiva presa, essa decisão foi tomada pela nova direção, menos experiente e mais violenta que a anterior. Depois de uma votação, optou-se por capturar um terceiro refém em represália ao episódio de Almería, dar mais 48 horas ao governo e matar um dos três caso o novo prazo não fosse cumprido.

A vítima seria Dan Mitrione, personagem sobre o qual existem duas versões. A primeira, com mais nuances, é que Mitrione era um policial da cidade de Richmond – no noroeste dos Estados Unidos – que tinha se integrado à Oficina de Segurança Pública (OSP) em busca de oportunidades de trabalho e que manchara seu histórico quando a OSP o mandou para o Brasil, um país em ditadura que estava na mira das organizações de direitos humanos por abusos e torturas nas prisões. Mesmo quando ainda não havia registros de que Mitrione apoiava a tortura, ser da OSP e estar no Brasil era, para alguns, um sinal de cumplicidade política com o modelo militar que talvez tivesse se expandido para o Uruguai, para onde Mitrione tinha sido transferido em 1969. Já em Montevidéu – as especulações continuam – teria sido testemunha de interrogatórios violentos e, mesmo estando em condição de impedi-los – seu cargo na OSP lhe permitia tomar essas decisões –, teria escolhido não fazê-lo.

Acaba aqui a primeira versão.

A segunda, sustentada pelos tupamaros, é que todas as suspeitas anteriores eram irrefutáveis, mais ainda, eram a antessala de uma certeza pior: de que Mitrione assessorava a polícia uruguaia em métodos de tortura. Essa hipótese se baseava nas referências de Manuel Hevia, integrante da inteligência cubana infiltrado na CIA que fizera um informe lapidar e com cenas grotescas: afirmava que Mitrione tinha treinado as polícias dominicana, brasileira e uruguaia em matéria de tortura física, que tinha sequestrado indigentes das ruas de Montevidéu para que seus alunos pudessem praticar neles, e que gargalhava enquanto torturava um homem que espumava pela boca.

O certo é que não havia provas de que essas afirmações fossem verídicas. A participação de Mitrione em torturas na América Latina ainda não foi documentada. Mas os tupamaros se basearam na versão de Manuel Hevia e, na noite de 9 de agosto, depois de mantê-lo em cativeiro por nove dias e diante da recusa do governo em liberar tupamaros, executaram Mitrione com quatro tiros na cabeça.

O episódio marcou o início de uma nova etapa. O presidente Pacheco Areco decretou estado de sítio – ele vinha fazendo isso de modo intermitente desde 1969 –, suspendeu as garantias constitucionais e passou a prender gente a rodo. Foi assim que a prisão de Cabildo, em meados de agosto de 1970, começou a se encher de presas políticas.

A prisão de Cabildo ficava em um prédio antigo que ocupava um quarteirão inteiro no bairro montevideano de Tres Cruces, no centro da cidade. Era dirigida havia anos por uma congregação de irmãs do Bom Pastor que viviam alheias às correntes progressistas que afloravam na igreja no final dos anos 1960. Dentro de um país laico como o Uruguai, onde no início do século XX tinham sido retirados crucifixos até dos hospitais públicos, essa prisão era um dos laços mais arcaicos entre a religião e o Estado. Embora o contato fosse cada vez mais cosmético. Como em março de 1970 havia ocorrido uma fuga de 13 presas políticas – conhecida como Operação Paloma –, o controle real tinha ficado a cargo da segurança penitenciária, e as freiras só cuidavam da recepção e da administração.

Graciela chegou a essa prisão com 22 anos. Décadas depois, quando escrevesse *13 palomas y 38 estrellas*, o único livro sobre as fugas de presas políticas uruguaias nos anos 1970, faria um esforço para descrever esse espaço e se deteria na espessura das paredes: lembraria que nada do mundo exterior passava para o lado de dentro. As risadas das crianças que iam à escola não chegavam até elas, nem o repique dos carros nos paralelepípedos, nem o chiado das vassouras nas calçadas, nem as conversas cotidianas de um bairro que reproduzia suas mínimas dimensões em cada canto. Graciela só encontrou uma fagulha de beleza nas colunas retorcidas do portal da capela neocolonial e no campanário de cúpula azulejada. Mas todo o resto era escuro, vicarialmente silencioso.

As freiras a receberam aos sussurros e a levaram ao pavilhão de militantes. Era a área mais flexível da prisão. Consistia em uma espécie de casa com as portas internas abertas – havia livre circulação entre os quartos, a cozinha, os banheiros e a sala principal – e coberta pela luz apática de um depósito.

Lá dentro, observou Graciela, os dias eram perfeitamente organizados. Ainda não havia muitas companheiras, mas as que já estavam tinham montado oficinas – de trabalho com lã, couro, pintura –, integravam grupos de estudo e se exercitavam diariamente. Além disso, à parte das tarefas formais havia uma comissão de fuga formada por um grupo seleto e secreto de quadros femininos, entre eles Alicia Rey – recém-presa – e Yessie Macchi, uma militante aguerrida que entraria para a história, diferentemente da *Negra* Alicia, não só por causa de sua bravura, mas também por sua beleza.

Graciela entrou para a comissão e foi colocada a par dos detalhes. O plano de fuga, no final de 1970, era mais modesto do que o que seria montado meses depois. Não sairiam pelos canos, mas pelo telhado da prisão, e apenas seis seriam beneficiadas. Durante um tempo, trabalharam nessa linha, até que no início de 1971 companheiros que tinham informação sobre essa manobra foram pegos, e foi preciso cancelá-la. Em vez disso, então, começaram a arquitetar a Operação Estrela: uma variante subterrânea que envolvia mais internas.

Quando levá-la a cabo: essa era a nova pergunta. A data era fundamental. Em Punta Carretas, estavam organizando o Abuso – a fuga de homens –, e era preciso pensar a ordem das fugas.

– Temos que decidir aqui quem é que vai primeiro: nós ou eles – disse a *Negra* em voz baixa. As deliberações em Cabildo se davam assim: com cautela e enquanto fingiam fazer um bordado, um tricô, um trabalho manual qualquer.

– Depois do Abuso os milicos vão ficar loucos – disse Yessie –, eles vão aumentar as medidas de segurança e nunca mais sairemos daqui.

– A Estrela tem que ir primeiro – disse Graciela. – Vamos arrumar um jeito de comunicar isso.

Graciela falava como se estivesse passando uma receita: com parcimônia, método, linguagem sintética. Sua prolixidade blindada, não só na militância mas também em seus afetos – supondo que fizesse algum sentido fazer essa divisão naqueles tempos – a estava tornando conhecida. Antes da fuga, Graciela queimaria as cartas que trocara ao longo daqueles meses com seu companheiro, o *Ñato*, preso em Punta Carretas (cartas lindas, porque o *Ñato*, além de tudo, era escritor). E quando, anos depois, descobrisse que o *Ñato* havia guardado algumas lembranças – sob o argumento de que eram cartas de amor da juventude – o censuraria por ter desobedecido as ordens do movimento.

– Nós vamos primeiro, mas pouquíssimas companheiras podem saber – continuou Graciela. – Não mais de sete, para evitar vazamentos. Ninguém sabe onde pode ir parar um dado dito confidencialmente, não devemos passar informação ao inimigo.

Yessie e a *Negra* assentiram.

– Vamos dar a informação logo depois da última visita, um dia antes da fuga – disse a *Negra* –, para evitar que alguma companheira se empolgue durante os encontros e fale mais do que deve para os familiares ou comece a tirar coisas para não deixá-las na cadeia.

– E temos que falar com a Marta para que ela ajude com as medidas – acrescentou Yessie.

Marta Avella, prisioneira, tupamara, arquiteta, seria uma das responsáveis pelas medições que ajudariam a determinar a coordenada exata para a abertura do buraco, levando em conta uma única premissa: tinha que ser no quarto pequeno do pavilhão. Aquele espaço, onde dormiam as grávidas, uma eventual doente e mais algumas companheiras, ficava perto da rua e afastado do quarto da guarda. Nos dias seguintes, a medição do local foi feita com esquadros escolares, linhas, agulhas e os vários metros de costura que elas haviam recebido na prisão para fazer o que as autoridades entendiam ser apropriado para uma mulher: costurar, bordar e fazer artesanato de subsistência.

Ao vê-las com o metro, ninguém suspeitou de nada. Ou quase ninguém. Porque 20 dias antes da fuga, María Elia Topolansky, conhecida por todos como "a *Parda*", se aproximou de Graciela, Yessie e a *Negra* e as confrontou.

– Quero falar com vocês.

Os principais líderes do movimento tinham receios quanto à *Parda*. Ela havia feito parte do MLN desde o início e, de fato, tinha sido por isso que, anos antes, caíra presa em Cabildo – de onde escapara naquela fuga menor chamada Operação Paloma. Mas uma divergência interna, posterior àquela fuga, a levara a sair da organização e fundar uma facção dissidente que incomodava a direção do MLN.

Para muitos, a *Parda* era quase uma traidora. E sua urgência para falar com as militantes presas não era uma boa notícia.

Mas Yessie, Graciela e a *Negra* estavam acostumadas com esse e outros contratempos. Por isso, receberam-

-na com expressão inalterada, como se iniciassem uma partida de pôquer.

3.

— Fuma? — perguntou a freira. María Elia Topolansky respondeu que sim.

Era 16 de julho de 1969, oito meses antes da Operação Paloma e dois anos antes da fuga da Estrela, e era seu ingresso na prisão de Cabildo. Naquela época, o complexo não tinha funcionários penitenciários, era dirigido por irmãs consagradas aos desafortunados — presos, loucos, órfãos — que esperavam devolvê-los sãos e crentes à comunidade. E, no topo dessa façanha, estava a Madre María Victoria, a quem muitas chamavam Mamer — a castelhanização de *ma mére* ("minha mãe", em francês): uma freira quarentona de poucas palavras e olhar evasivo que só demonstrava humanidade ao lidar com Rayito, seu cachorrinho felpudo. Mas Rayito não estava lá. Mamer prosseguiu:

— Você só vai poder fumar um cigarro no recreio da manhã e podemos lhe dar outro para os 15 minutos da tarde. O mate está proibido.

— O quê?

— É indecente andar por aí — Mamer fez um gesto com a mão e a boca, mas logo reprimiu a ação: é indecente andar por aí chupando uma bombilha, foi o que ela quis dizer. Depois apontou com as sobrancelhas para o short-saia que María Elia vestia: — E você vai ter que tirar isso. Aqui se usa saia.

María Elia pensou em sua roupa: uma peça confortável e funcional que por fora parecia uma minissaia escocesa e por dentro, numa das pernas, tinha um coldre costurado para guardar a arma. A peça era única. Seguia os moldes de uma década que, também no Uruguai, foi marcada pelo surgimento do rock e do pop. À chegada de Bob Dylan, Joan Baez, dos Beatles e dos Shakers – uma espécie de Beatles uruguaios – somou-se, no campo do vestuário, a presença de Mary Quant: a estilista inglesa que fez da minissaia uma peça feminina incontornável nos anos 1960.

Com seu short-saia, a *Parda* estava na moda. E, ao mesmo tempo, estava protegida.

– Por favor, quero ficar com esta peça, vou pedir para a minha mãe trazer uma saia pra mim – disse.

A mãe de María Elia se chamava María Elia Saavedra Rodríguez, era parente distante de Cornelio Saavedra, que havia presidido a Primeira Junta das Províncias Unidas do Rio da Prata, e era o tipo de mulher que tinha sido educada para ser uma mocinha de alta classe. Pessoalmente frustrada e socialmente correta, María Elia – a mãe – tinha cursado até o segundo grau da escola primária, continuara a estudar de modo informal – falava três idiomas – e havia se casado com Luis Topolansky Müller: um engenheiro 20 anos mais velho filho de imigrantes do velho Império Austro-Húngaro. A família tinha viajado para a América por questões de trabalho e, desde sempre, encarara o progresso europeu com nostalgia.

Luis e María Elia formaram uma família numerosa. Luis tinha uma filha de um casamento anterior, e a ela somaram-se mais seis crianças, entre as quais um par de gêmeas: María Elia e Lucía, que 60 anos depois, casada com José Mujica, acabaria se tornando primeira-dama do Uruguai. Nascidas em 1944, as meninas cresceram sob o signo de um lar que personificava as vicissitudes da classe média alta uruguaia. A casa ficava em Pocitos – um bairro abastado de Montevidéu –, a roupa atendia à moral da época – nenhuma mulher usava calça – e a escola frequentada, no caso de Lucía e María Elia, era o *Sacré Coeur*: um colégio católico francês dirigido por freiras dominicanas, cujos alunos pouco sabiam da situação que o país atravessava.

As gêmeas, no entanto, entraram em órbita social muito rápido. Sem a Segunda Guerra Mundial e a Guerra da Coreia – conflitos que tinham feito a economia uruguaia crescer –, o país caiu numa crise que invadiu o lar, amplificada por dois fatores familiares: Luis Topolansky contraiu um câncer, que o impediu de trabalhar durante um ano, e foi enganado por um sócio que levou um dinheiro que não lhe pertencia. O que se seguiu foi doloroso. A pequena construtora que ele tinha faliu, e o dinheiro para as despesas domésticas encurtou. Os cinco irmãos mais velhos foram trabalhar, a família materna – os Saavedra – começou a passar furtivamente uma ajuda financeira mensal, e as gêmeas entraram para o contingente de bolsistas que as escolas particulares do país eram obrigadas a ter por lei.

A queda social foi dura para as irmãs. Usavam o único e repetido vestido em todos os aniversários e tinham de suportar os olhares de pena que recebiam de suas colegas e amigos. Quando completaram 15 anos, nem quiseram celebrar. E começaram a se perguntar por que, mesmo sendo boas alunas, não tinham as mesmas oportunidades econômicas que os demais.

"Quem me ensinou a luta de classes foram freiras como você", pensou María Elia naquele 16 de julho de 1969, enquanto recebia da Madre Superiora uma saia cinza e uma blusa branca iguais às das outras internas. Em seguida, entrou no pavilhão que lhe foi indicado. Naquela época, Cabildo não contava com uma seção para as presas políticas, mas estava dividido em três áreas: Tabaré – para reclusas consideradas "rebeldes" –, San José – para mulheres aparentemente "calmas" – e o Centro de Observação, um espaço para onde iam as recém-chegadas quando as freiras ainda não sabiam em qual categoria colocá-las.

María Elia foi direto para o setor San José. Lá havia duas presas comuns – Mariela, que tinha matado o marido, e Elsa, uma parteira que fazia abortos – e três presas políticas, duas delas prestes a sair. As cinco mulheres receberam María Elia e outras seis militantes, entre elas Elena Quinteros – que não era tupamara, mas anarquista –, Marta Avella – a arquiteta que tomaria as medidas na fuga da Estrela – e América García, que, aos 20 anos, estava grávida novamente de Hébert Mejías Collazo, embora dessa vez não tivesse os mesmos planos de maternidade: no dia em que caiu, faria um aborto auxiliada pela mãe de Elena Quinteros.

América não tinha condições de parir outro filho. Não podia sequer cuidar de Claudia Mariela, que continuava na casa dos Cultelli.

– Sua puta de merda, onde você deixou a sua filha? – gritara o inspetor Antonio Píriz Castagnet quando América caiu presa. Na época, Otero ainda estava no cargo e Píriz Castagnet teve que "se controlar". Ele a colocou de pé, apalpou-a e enfiou sua cabeça em um balde com água suja – a técnica do "submarino" –, mas assim que América disse que estava grávida o homem se retirou.

Quem apareceu foi Otero.

– Você acaba de passar para o meu setor, pode ficar tranquila.

Três dias depois, América foi transferida para Cabildo. Mas ela não estava tranquila. Custou-lhe aceitar que teria que continuar com a gravidez, mas o fez porque não havia opção. No fim das contas, pensou, nenhuma delas está serena ou feliz com a vida que lhe cabia no momento.

América ouviu suas companheiras. Todas tinham caído em uma série de batidas feitas naqueles dias. No caso de María Elia, sua detenção ocorrera quando ela estava chegando a um aparelho. Ela o visitava algumas vezes por semana para assessorar companheiros em matéria de explosivos – tema em que América também era especialista –, mas os contatos tinham falhado e quem a recebeu foi a polícia. O episódio tinha acontecido dois dias antes: um 14 de julho que María Elia, de vez em quando, recordaria em francês:

– *Quatorze juillet.*

Mas para chegar a essa data, para entender como uma garota do liceu bilíngue acabou se especializando em fabricar bombas – e por que, anos depois, sua irrupção na

conversa sobre a fuga da Estrela seria tão perturbadora
–, é preciso entender muitas outras coisas e conhecer
outras vidas que estão próximas na linha do tempo, mas
parecem distantes se analisadas de qualquer outro ponto de vista.

Nos últimos anos do *Sacré Coeur*, enquanto vivia a humilhação de ser a pobre da turma, María Elia entrou num grupo de escoteiras: uma associação cristã organizada por padres operários que trabalhavam em fábricas e em favelas. Incentivada por esses párocos, mas também por uma visita de Fidel Castro a Montevidéu – em 1959 – e pela já icônica figura de Eva Perón, María Elia tinha começado a ler Juan Carlos Onetti e a comprar o *Marcha*: um semanário de esquerda cujo chefe de redação era o próprio Onetti, o tipo de publicação que sua mãe – María Elia – olhava com desprezo.

– Isso eu não coloco nem no lixo – dizia quando encontrava um exemplar em casa. Mas nenhum desses comentários surtiram o efeito desejado. No final do liceu, quando teve de escolher onde faria o preparatório para a universidade – que durava dois anos e podia ser cursado tanto em instituição pública quanto privada, neste último caso pago pelo clã Saavedra –, María Elia e também sua irmã, Lucía, pediram para estudar numa instituição do Estado. A permissão foi dada.

As gêmeas entraram assim no Instituto Alfredo Vázquez Acevedo (IAVA), um preparatório misto e sindicalizado, conhecido por sua formação acadêmica e sua efervescência. O IAVA marcaria um renascimento na vida das irmãs. Ir a seus pátios, no começo dos anos 1960, era se iniciar na militância justo quando o Uruguai estava despertando socialmente. No interior, já estava sendo gestada o que, tempos depois, seria a "peludização" impulsionada por Sendic. E em Montevidéu, estavam sendo lançadas as bases do que seria, em 1965, o Congresso do Povo: um encontro multitudinário que reuniu estudantes, representantes sindicais, camponeses, aposentados e até pequenos comerciantes, e que estabeleceu o ponto de partida de uma série de estratégias conjuntas de apoio. Se, por exemplo, havia um conflito em uma fábrica, iam membros da Convenção Nacional de Trabalhadores (CNT), mas também da Federação de Estudantes Universitários (FEU). E se o problema era numa faculdade, a CNT também aderia.

As gêmeas fizeram o IAVA nesse clima vivo. María Elia finalizou-o em dois anos, e Lucía, em três – uma possibilidade oferecida pela instituição –, e isso marcou a primeira das muitas diferenças entre as irmãs. María Elia entrou na universidade em 1963, aos 20 anos – Lucía faria o mesmo aos 21 –, e entrou na oficina de Carlos Gómez Gavazzo, um arquiteto e urbanista que seguia os preceitos de Le Corbusier e pensava uma disciplina a serviço do povo. Ao contrário da oficina "dos pitucos" ["mauricinhos" ou "burgueses"], em que procuravam criar casas da moda, os estudantes do Gómez Gavazzo eram politizados, a tal ponto que anos mais tarde todos acabariam presos ou exilados.

Com eles, María Elia aprendeu que existia mais de uma esquerda – havia os comunistas, os socialistas, os anarquistas, os trotskistas, sempre com várias divisões internas – e achou que poderia tender a qualquer uma dessas correntes, desde que tivesse clareza sobre a interpretação do mundo a que estava subscrevendo.

A grande linha divisória dentro do comunismo – o partido com maior peso – era a que separava os chineses dos soviéticos. Enquanto o PC soviético propunha coexistir pacificamente com o poder estabelecido e ascender ao controle por vias legais, o PC chinês oferecia um ponto de vista que calaria fundo entre os movimentos revolucionários da América Latina.

A teoria de Mao Tse Tung – que datava dos anos 1930 – sustentava que era preciso ter um partido político estabelecido que fosse perfurando os alicerces do sistema e que gerasse as chamadas "condições objetivas para a revolução" declamadas por Karl Marx. E que, quando chegasse a hora, seria necessário enfrentar a revolução tomando o campo como ponto de partida.

Sobre essa base, acrescentara-se em Cuba uma nuance que havia sido plasmada em *A guerra de guerrilhas*, de Ernesto *Che* Guevara. Conforme escreveu Che, nem sempre é preciso esperar que todas as "condições objetivas para a revolução" sejam atendidas: pode haver condições subjetivas. O simples fato de atacar o governo, por ora, poderia gerar um caldo revolucionário mais eficaz do que aquele gerado mediante o prolixo modelo soviético ou a paciente espera de Mao.

Seguindo esse raciocínio, Sendic tinha partido para o norte do país e haviam surgido em Montevidéu diferentes grupos de esquerda que passavam dias inteiros em discussões sobre as possíveis formas de se chegar ao poder. No início, e apenas para começar por algum lugar, María Elia se aproximou da Frente de Esquerda de Libertação – Fidel, na sigla em espanhol –, dirigida pelo Partido Comunista, o que inicialmente lhe deu certos benefícios.

O PC uruguaio se caracterizava por ter uma boa escola de quadros políticos. Eles sabiam formar militantes e, como marca dessa formação, davam espaço a debates enriquecedores. Mas essa característica, que no começo era interessante, acabou tornando-se exaustiva. Na Fidel havia pró-chineses e pró-soviéticos. E, com o passar do tempo, María Elia, que ouvia a todos, começou a se cansar de cada um deles.

– Eu entendo essa coisa da sociedade mais justa, mas a questão é como chegamos lá – disse ela numa reunião.
– Porque isso não se alcança num instante, quer dizer: aquela abordagem dos russos de ir passo a passo, conquistando um deputado, outro deputado...

Os companheiros olharam para ela. Era 1963 e eles estavam numa encruzilhada. No ano anterior, as eleições nacionais tinham encontrado uma esquerda tão atomizada que os partidos tradicionais acabaram vencendo e a Fidel tomou uma surra: recebeu apenas 3,5% dos votos. E, nesse mesmo ano de 1963, o roubo de armas no Clube de Tiro Suíço – atribuído secretamente aos *cañeros* – tinha dado sinais de que havia outra maneira de perseguir certas conquistas. María Elia falava nesse sentido: em reação ao fracasso de um modelo e ao aparente sucesso de outro.

– A opção parlamentar – continuou – cada vez me convence menos. Chega de punheta mental, chega de chineses, socialistas, cristãos, anarquistas, não estou nem aí para os soviéticos... Aqui temos que partir para a luta armada...

Após várias reuniões, María Elia ganhou uma alcunha: *Parda*. O termo era uma abreviação de "Parda Flora", um apelido tirado de um filme argentino, *La Parda Flora*, de 1952, usado no Uruguai em alusão às mulheres supostamente "inconformadas". A *Parda*, em suma, não era para o PC. Eram tempos de marchas *cañeras*, e suas convicções combinavam mais com a ideia de Sendic sobre as ações que unem e as palavras que separam. Assim, em 1965, com Sendic já clandestino, mas com o resto dos companheiros ainda na legalidade – Graciela Jorge incluída –, ela entrou para o MLN.

No início havia cerca de 50 membros e estavam organizados, como sempre estariam, de modo piramidal. No topo estava a direção, abaixo vinham os comandos de coluna, mais abaixo estavam os 3 subcomandos de cada coluna (um militar, outro de serviços e outro político) e na base ficavam as células, ordenadas pelas letras do alfabeto. A *Parda* entrou na "E", integrada por pessoas recém-incorporadas e provenientes, em geral, do universo estudantil. Ela adotou um nome de guerra, Elvira – embora todos continuassem a chamá-la de *Parda* –, e foi incluída na reunião para sua primeira missão, que na verdade já estava em curso: teria que ajudar no mapeamento das redes de esgoto de Montevidéu.

– O Uruguai não tem florestas como outros territórios latino-americanos, por isso temos que implantar a guerrilha urbana – ouviu. – Fidel falou dos esgotos como uma segunda cidade embaixo da cidade. O guerrilheiro urbano deve conhecer sua cidade como o guerrilheiro rural conhece cada canto da selva. As pessoas podem fugir pelos bueiros, vejam como fizeram no gueto de Varsóvia, leiam o livro *Mila 18* [de Leon Uris]: todos usaram o esgoto.

A *Parda* participava das bases do Plano Gardiol: um esquema estratégico idealizado pelo engenheiro Jorge Manera – membro da primeira direção do MLN – que procurava conhecer e utilizar os subsolos a fim de melhor organizar a luta armada. Toda sexta-feira, durante meses, entre 1965 e 1966, em meio a ratos e baratas que saíam em disparada ao se moverem tampas e comportas, com uma lanterna na mão, lenços cobrindo narizes e bocas, água de esgoto até o peito e canários presos em gaiolas carregadas nas costas – com seu canto eles alertavam para a presença de gases tóxicos –, a *Parda* e seus companheiros construíram o mapa do submundo montevideano. Anotaram em quais ruas desembocava cada tubulação, onde havia tampas e outros pontos de saída, quais eram os canos mais altos – que poderiam ser percorridos com o corpo erguido –, quais os mais baixos, quais os mais estreitos, e qual era o número mínimo de pessoas que entrava em cada tubulação (nunca podia haver menos de três: se um companheiro desmaiasse, eram necessários outros dois para carregá-lo).

O mapeamento foi enriquecido com outras informações. Mauricio Rosencof, escritor, alto dirigente do movimento e um dos pensadores mais perspicazes do MLN, junto com *Ñato* Fernández Huidobro, havia conseguido, por intermédio de um engenheiro amigo que trabalhava na prefeitura de Montevidéu, plantas dos esgotos e fotos aéreas da cidade. No final da década de 1960, então, os tupamaros tinham algo superior a um mapa de satélite: sabiam a altura dos edifícios, conheciam a lógica dos subsolos.

Sempre que emergia de um bueiro, a *Parda* ia até um aparelho para se lavar e passar um sabonete desinfetante, e depois se reunia com sua família. Aos 22 anos, ela ainda morava com os pais e os irmãos, embora não se sentisse obrigada a dar satisfações a ninguém. O fato de trabalhar – dava aulas de francês em um liceu – e de levar dinheiro para casa havia lhe dado certas liberdades. Apesar de entregar o salário para a mãe, que administrava o dinheiro que cada filho ganhava, a *Parda* já usava seu metódico short-saia, carregava consigo uma leve 38 de alumínio e com bom poder de tiro, ia dormir em casa quando queria – quando não ia, ninguém lhe fazia perguntas – e tinha namorado: um estudante de arquitetura, também tupamaro, chamado Leonel Martínez Platero.

A família não sabia que Leonel existia, até que uma noite a *Parda* o apresentou.

– Mamãe – disse –, este é o Leonel, meu companheiro. Nós vamos nos casar.

Eles queriam um apartamento próprio onde pudessem organizar reuniões livremente. E a única forma de conseguir isso era passando previamente por um registro civil.

– Quando? – Foi o que a mãe conseguiu dizer.
– Em 15 dias.

Será que ela estava grávida? Se o casamento era urgente, provavelmente havia um filho a caminho, pensou a mãe e se entusiasmou. Mas os meses passavam e as crianças não chegavam. Ao contrário, a menina que María Elia havia sido já estava a uma vida de distância.

Em 1966, longe da casa da família, a *Parda* passava por jornadas de treinamento na base Eduardo Pinela, um campo que os tupamaros tinham em La Teja, um bairro a meia hora de viagem do centro de Montevidéu. O MLN estava crescendo e já tinha algumas bases, nas quais se imprimiam panfletos, adaptavam carros roubados, montavam explosivos, escondiam companheiros clandestinos e faziam reuniões de militância. Em La Teja, especificamente, ensinava-se judô e karatê – o básico para usar em defesa pessoal –, corria-se para fortalecer o estado físico, aprendia-se a dirigir e a manusear armas e se recebia instrução para aperfeiçoar as técnicas de espionagem.

– O segredo está em enfiar na cabeça a máxima de Mao: o clandestino tem que ser como o peixe na água – ouviu a *Parda*. – Tem que se misturar com o bairro onde está e imitar sua forma de falar. Não é a mesma coisa morar aqui, em La Teja, e morar em Carrasco, um bairro *pituco*.

De qualquer forma, a vida ainda era fácil nos bairros. Com exceção de *Bebe* Sendic, clandestino desde 1963, ninguém precisava se esconder, porque as ações criminosas eram confundidas com ataques anarquistas ou com casos de delinquência comum, e porque o próprio *Bebe* era relacionado aos *cañeros* e não aos tupamaros. Dito isso, esse equívoco era bom? Não tanto. Na verdade, já estava começando a incomodar a direção. Se o objetivo era tomar o poder, ou pelo menos tornar uma luta visível, era importante que o governo soubesse da existência do MLN. Era preciso abandonar o que era entendido como um período revolucionário "frio" e planejar uma revelação que fosse muito mais que impactante: ofuscante. Para o dia 27 de novembro de 1966 – dia de eleição –, foi planejada uma ação crucial para a organização: roubar armas de uma loja de Montevidéu – El Cazador – e, com elas, assaltar a principal instalação da fábrica de pneus Funsa, que estava forrada porque tinha os salários e as bonificações de dezembro.

A operação na loja de armas deu certo. Eles conseguiram 63 armas e 10 mil projéteis. E, dias depois, em outras ações menores, arrumaram uniformes e veículos, entre eles uma Kombi Chevrolet 51 grandalhona, azul-clara, com uma traseira que se abria para a rua como se fosse uma varanda. O MLN estava numa boa fase e havia motivos para isso. Há algum tempo, as ações criminosas contavam com o apoio logístico e intelectual de quatro argentinos do grupo Tacuara, um braço armado do peronismo, anterior ao aparecimento dos Montoneros, que tinha duas vertentes: uma de direita com tempero nazista – a principal – e outra dissidente, de esquerda, formada em 1962 com o nome de Movimento Nacionalista Revolucionário Tacuara e cujos membros eram perseguidos por seus próprios ex-companheiros, uma vez que queriam formar outra organização na Argentina.

Esses argentinos eram Joe Baxter, José Luis Nell Tacci, Rubén Daniel Rodríguez Primón e Jorge Andrés Cataldo, os quais, logo após um famoso assalto ao Policlínico Bancário da Argentina, que havia rendido um butim de quase 100 mil dólares, tinham sido identificados e tiveram de fugir do país. Depois de um ano de treinamento na China, chegaram ao Uruguai, contataram os tupamaros e, a partir de então, dedicaram-se a instruí-los em matéria de roubos a instituições bancárias e de manuseio de armas e explosivos. "Os portenhos" – assim eram chamados – ensinaram a *Parda* a fabricar granadas, detonadores, mecanismos de retardo e bombas de carga.

– Tenho medo dos petardos... – advertiu a *Parda* na primeira aula. Mas aprendeu rápido. E construiu um vínculo com eles.

Um dos portenhos dirigiu a Kombi Chevrolet 51 na madrugada de 22 de dezembro de 1966, o dia programado para o assalto à Funsa. No banco do carona estava o *Ñato* Fernández Huidobro e, na parte de trás, outros dois portenhos, entre eles José Luis Nell Tacci. Os quatro pegariam um jovem tupamaro chamado Carlos Flores numa esquina. Mas Flores se atrasou e a Kombi teve de dar voltas para fazer hora. Foi aí que começou o problema. Um amigo do proprietário do veículo – roubado – o reconheceu e conseguiu informá-lo a uma patrulha policial que estava rondando a área. Enquanto isso, Flores chegou à esquina combinada e subiu na Chevrolet, e os cinco seguiram viagem sem imaginar o que estava por vir.

Em poucos minutos, um carro de polícia os interceptou e fez sinal para que parassem, suspeitando que dentro haveria ladrões comuns. Mas a resposta foi inesperada: da traseira da Kombi, os portenhos atacaram com tudo o que tinham em mãos. Atiraram com submetralhadoras Uzi e rifles Mauser e jogaram granadas que não chegaram a explodir. A polícia atirou de volta e pediu reforços, enquanto empreendia uma perseguição cinematográfica que acabou num terreno baldio. Os portenhos e o *Ñato* saltaram da Kombi em movimento enquanto o veículo, sem motorista, seguiu seu caminho lentamente até o para-choque bater em uma árvore. Esse pequeno impacto desestabilizou o quinto a descer, Carlos Flores, que acabou perdendo alguns segundos na fuga. Seus companheiros conseguiram escapar a tempo, mas Flores foi atingido por um tiro na virilha e depois foi finalizado com uma bala no meio da testa. No chão, restou sua cara carnuda e perdida, além de seu corpo vestido com jeans e uma camiseta que dizia "Associação Cristã de Moços".

Se fosse um filme, no mesmo enquadramento do cadáver teria entrado o sapato lustroso do comissário Alejandro Otero. E se a câmera subisse lentamente, mostraria os olhos lupinos de Otero que escrutinavam tudo como se o ato de olhar fosse, em essência, um trabalho de perfuração. Otero observou o cadáver. Mandou transferi-lo para pegar as digitais e soube que o morto não tinha antecedentes criminais. Pensou que alguma coisa naquela cena não encaixava. E depois de ruminar longamente, entendeu o que era: a camiseta. Havia uma informação ali. Em Montevidéu, só existiam duas sedes da Associação Cristã de Moços: uma delas ficava no centro da cidade, e a outra, em La Teja.

Naquele mesmo 22 de dezembro, Otero tirou uma foto do cadáver e, com essa imagem, foi até La Teja. Perguntou de casa em casa e de loja em loja, até que deu com o nome e o paradeiro de Carlos Flores. Soube que ele morava com a mulher e os dois filhos numa casa próxima. Foi até lá. Não encontrou ninguém, mas achou dez armas e material escrito que lhe permitiu saber que Flores fazia parte de uma organização política clandestina, que ele tinha começado a militar no jornal *Época* – esse dado o levaria ao diário e faria com que Graciela Jorge, América García e Edith Moraes fugissem pelos corredores – e que fazia atividades na base Eduardo Pinela, em La Teja.

Otero emitiu inúmeros mandados de prisão para prováveis cúmplices de Flores e espalhou a notícia de que havia um punhado de uruguaios que estavam sendo procurados por pertencerem a uma organização subversiva armada. Rapidamente, ele fez uma série de incursões que, nos dias seguintes, resultaram num saldo positivo: mandou para a cadeia seus quatro primeiros militantes, deixou os demais sob pressão – cerca de 30 tiveram de entrar para a clandestinidade, entre eles América García, Alicia Rey e Graciela Jorge – e, acima de tudo, conseguiu provas de que havia um movimento organizado que atentava contra o governo.

Ele o informou a seu superior, o coronel Rogelio Ubach – chefe de polícia –, e os dois decidiram dar uma entrevista coletiva:

– Os acontecimentos dos últimos dias nos colocaram diante de um problema até então incomum em nosso meio – disse Ubach. – Trata-se de um novo tipo de delinquência; o objetivo dessa série de delitos tem sido prover meios para uma causa ideológica. Sabemos que eles não ganhavam um peso, não recebiam um peso daquilo que chamavam de "expropriações". Eles viviam muito precariamente...

– ... e integram um incipiente movimento subversivo uruguaio que tem conexões com terroristas argentinos – acrescentou Otero. – Há também indícios de uma exploração da rede de esgotos realizada por esse grupo.

Diante do novo panorama, o MLN teve que se reconfigurar. Nos últimos dias de 1966, a *Parda* Topolansky e Leonel Martínez Platero continuavam na legalidade – moravam num apartamento no bairro Sur –, mas eram a exceção dentro de uma organização que encerrava o ano com um saldo difícil: 2 companheiros mortos – o segundo tinha sido Mario Robaina, que se suicidou após matar um policial durante uma operação –, 4 presos, 20 clandestinos e uma única célula inteira: a "E", dos estudantes, cujos membros eram recentes e não eram conhecidos – nem deduráveis – pelos tupamaros detidos.

A função da *Parda* mudou diante dessas novas circunstâncias. O mapeamento dos esgotos e a fabricação de explosivos ficaram para trás, e junto com seus companheiros de célula, ela passou a se encarregar de adquirir imóveis e documentos falsos que facilitassem a vida dos clandestinos. Muitos dos que tiveram de se esconder foram para Solymar: um rancho a leste de Montevidéu onde *Bebe* Sendic, sempre ilegal, vivia com sua segunda companheira, Violeta Setelich. Outros se amontoaram num apartamento que pertencia a Mauricio Rosencof. E outros foram para residências particulares.

José Luis Nell Tacci, um dos portenhos, foi parar na casa da *Parda*.

– Presta atenção porque os argentinos sempre foram mais desleixados que nós nessas coisas – disse a *Parda* a Leonel ao saber da chegada de Nell Tacci.

– E atenção também porque os serviços de inteligência estão mais afinados – respondeu Leonel –, é preciso ter cuidado.

As precauções se tornaram mais extremas com o passar do tempo. Não só porque Otero trabalhava cada vez melhor, mas porque um episódio fortuito mudou o cenário político do Uruguai e aprofundou as medidas repressivas. Em março de 1967, o presidente Oscar Gestido morreu e o vice-presidente, Jorge Pacheco Areco, tornou-se seu sucessor: um homem tosco, medíocre, com um passado de boxeador amador, que tinha crescido dentro do Partido Colorado – um dos dois partidos tradicionais do Uruguai, juntamente com o Nacional – por meio de conexões familiares.

Uma semana após assumir o novo cargo, e diante de um incidente com os tupamaros nos arredores da capital, Pacheco Areco assinou dois decretos proibindo o Partido Socialista e uma série de publicações marxistas sob a alegação de que haviam cometido o crime de "subversão". Foi a primeira vez na história uruguaia que um partido político foi proibido, uma indicação de que Pacheco Areco tinha uma mão mais pesada, imprudente e desajeitada, que potencializava a polarização ideológica no país. Para alguns, Pacheco Areco e seu conservadorismo eram uma máquina de radicalizar sindicatos, fabricar tupamaros e recrudescer a perseguição do governo.

Em 13 de julho de 1967, a *Parda* voltava para casa quando, numa esquina, avistou o comissário Otero vigiando em um carro. Ficou assustada, apalpou discretamente a 38 que levava escondida no short-saia e entrou no apartamento onde estavam Leonel e Nell Tacci.

– Não sei se eu estou sugestionada, mas acho que o Otero está ali na esquina – disse.

Os três se entreolharam. Leonel falou:

– Vou sair para comprar cigarros naquela esquina – olhou para a *Parda* –, e você vai comprar leite no armazém da outra esquina, para dar uma olhada no bairro.

O bairro Sur era pequeno e familiar. Era fácil identificar um elemento destoante em suas ruas. Ao voltar, a *Parda* e Leonel se encontraram e tiveram uma conversa com Nell Tacci.

– Olha – disse Leonel –, nesta área uma pessoa estranha é uma pessoa estranha. E nós achamos que há duas pessoas estranhas.

– O que fazemos? – perguntou a *Parda*.

Leonel pensou na Vespa que estava guardada:

– E se nós três subirmos na moto e dermos o fora daqui?

Nell Tacci ponderou. Ele era quem tinha mais experiência militar.

– Não – disse. – Deixa que eu me viro. Saiam vocês primeiro e, às 8 da noite, faremos contato.

O portenho deu indicações para um local exato e se despediu dos companheiros, que atravessaram a porta e se perderam pela cidade. Depois de um tempo, Nell Tacci também saiu, mas foi capturado. Antes de mandá-lo para a prisão de Punta Carretas – de onde sairia quatro anos depois, na fuga do Abuso –, o comissário Otero o revistou e encontrou a chave do apartamento. Embora Nell Tacci tenha negado morar ali, Otero entrou e encontrou informações que marcaram o futuro da *Parda* e de Leonel: não puderam voltar ao local e tiveram que entrar para a clandestinidade.

Os dois foram para uma base a oeste de Montevidéu, em Rincón del Cerro. Era uma chácara de três hectares – um *cantão*, diziam os tupamaros – que tinha sido alugada com documentos falsos e concebida como o novo coração do MLN: o local onde se recebia o mais completo treinamento militar. Lá havia um arsenal, uma oficina de armas e explosivos, outra para camuflagem de carros e um local para reuniões da direção. O acampamento era chamado, em tom de brincadeira, de Marquetalia: nome que aludia a uma base colombiana, sem controle do Estado, onde havia uma comunidade de camponeses comunistas carregados de armas e liderados por Pedro Antonio Marín, codinome Manuel Marulanda Vélez ou *Tirofijo* ["tiro certeiro"], um dos fundadores das Forças Armadas Revolucionárias da Colômbia (Farc).

Na Marquetalia uruguaia viviam dois dirigentes – Julio *"O Velho"* Marenales e o engenheiro Jorge Manera – e muitos companheiros que tinham escapado de diversas batidas e levado consigo o que conseguiram resgatar na hora da fuga: armamentos, ferramentas, veículos, cachorros, roupas de cama, utensílios de cozinha e até um cavalo velho. Tudo se misturou em Marquetalia e, ao mesmo tempo, tudo ficou perfeitamente organizado. Reinava uma disciplina marcial. Trabalhava-se no campo – para sustentar a fachada de chácara –, praticava-se ginástica de madrugada e ao ar livre, havia simulações de defesa do *cantão* contra uma eventual chegada da polícia e dormia-se no chão num ambiente comum.

Lá, com a célula "E" já dissolvida, a *Parda* viveu clandestina por dois anos, durante os quais teve contato mínimo com sua família. O elo era sua irmã gêmea, Lucía. Pouco depois de chegar ao *cantão*, a *Parda* telefonou para o trabalho da irmã.

– Quero te ver – disse-lhe e marcou com ela numa esquina. Quando Lucía chegou, a *Parda* a deixou ciente da situação: tinham invadido sua casa e levado Nell Tacci preso.

– Eu sei, os milicos foram ver a nossa mãe e disseram que você é peronista – contou Lucía.

– Eles não entendem porcaria nenhuma – respondeu a *Parda*. – Vou ligar para tranquilizá-la.

Não se sabe – ninguém se lembra – onde foi o primeiro encontro das irmãs. Mas dá para imaginar – as fotos sugerem – que deve ter sido curioso, porque a *Parda* e Lucía eram fisicamente iguais. E lindas. Em seus ossos estava alojada a matriz perfeita em que são concebidas, juntas, a beleza e a naturalidade.

Certa vez, conversando com Leonel Martínez Platero – marido da *Parda* – o *Velho* Marenales fez uma piada.

– Você nunca se confundiu, certo? – dissera, referindo-se a Lucía.

– Bem – foi a resposta –, problema delas.

A maior diferença entre as gêmeas, pelo menos naquela época, era a personalidade: a *Parda* falava muito, e Lucía, pouco. Mas, fora isso, todo o resto era uma causa comum. A *Parda* explicou a Lucía que manteria contato com a família por seu intermédio e que, caso houvesse ações muito perigosas, com alguma morte no meio, faria ligações breves e de telefones públicos para evitar o rastreamento. Lucía assentiu. É provável que as trocas que Lucía teve com a irmã – enquanto fazia trabalho social nas favelas e recebia um salário trabalhando como funcionária de escritório – a tenham finalmente levado a uma militância mais aguerrida. Mas isso aconteceria mais tarde.

Agora, os encontros tinham um final divergente. Lucía voltava para seu mundo legal e a *Parda* voltava para a Marquetalia, onde a vida era dura. A lida na terra, para manter a fachada de uma chácara, era extenuante. Em outros cantões havia companheiras que tinham perdido a gravidez porque viviam cavando. E essas fatalidades pessoais eram apenas uma parte dentro de um esquema ainda mais amplo e inflamável. A Marquetalia inteira era um risco.

Numa manhã de 1968, a *Parda* estava fabricando explosivos quando colocou pólvora negra para secar em uma bandeja de alumínio disposta sobre um aquecedor elétrico. Olhou para a pólvora. Chamou sua atenção o fato de estar borbulhando. O aparelho tinha um termostato para controlar a temperatura e evitar um superaquecimento, então ela não conseguia entender qual era o problema. A *Parda* aproximou o rosto e percebeu que a mistura se mexia sozinha. Agitou-a sem suspeitar que o termostato tinha quebrado e que a temperatura estava ficando cada vez mais alta. Segundos antes de que ela pudesse se dar conta, a pólvora explodiu e seu rosto ficou em chamas. Um companheiro pegou correndo uma manta e envolveu sua cabeça. Apagou-se a *Parda*. Mas por um tempo ficou sem sobrancelhas, sem os pelos do nariz e com uma propensão a espirrar que demorou meses a passar.

– Pelo menos não vou ter rugas – disse ao se recuperar, ou quando conseguiu falar. Estava certa. A pele da *Parda* ficaria para sempre com um brilho suave e minguante, como se estivesse iluminada pelo estertor de um relâmpago.

Seu temperamento aguerrido e sua tendência a não fazer drama por qualquer coisa fizeram dela uma figura forte em Marquetalia. Quem percebeu seu potencial foi o *Velho* Marenales, que a viu superar estoicamente a explosão e outros episódios tensos, entre eles uma evacuação urgente feita diante do risco de uma invasão. Nesses casos, a *Parda* pegava sua mochila e partia com serenidade. Por esses motivos, Marenales tomou uma decisão que foi contra a idiossincrasia viril do MLN: quando ele não estivesse, quem ficaria responsável pelo cantão seria a *Parda*, que à época tinha 24 anos.

Essa decisão dava a ela uma grande responsabilidade. Em Marquetalia eram desenvolvidas boa parte das atividades da chamada Coluna 2, que – diferentemente da 1, mais política – concentrava-se nas ações armadas num momento em que os tupamaros estavam claramente na mira da polícia. Tanto as forças locais como a própria CIA – que tinha um escritório no Uruguai – acreditavam estar enfrentando a organização terrorista urbana mais bem organizada, mais determinada e mais eficiente já vista até então, e isso estava gerando consequências. Pacheco Areco recorria insistentemente às Medidas Emergenciais de Segurança, havia declarado ilegais sete organizações políticas de esquerda (praticamente todas, menos o PC) e tinha proibido palavras como "tupamaros", "célula" e "comando", que não podiam sequer aparecer impressas num jornal. Por publicar o vocábulo "tupamaros", por exemplo, o jornal *Época* tinha sido temporariamente fechado.

Nesse contexto, o MLN só poderia aumentar seu poder batalhando a partir do setor militar, cujo núcleo estava na Coluna 2, a que assumia os maiores riscos físicos e que estava baseada em Marquetalia. A 2 aportava armas, dinheiro – que permitia alugar mais imóveis – e veículos, conseguidos mediante atividades criminosas cada vez mais complexas e por meio da construção de uma mística que se aprofundava no que a *Parda* chamava de "os detalhes simpáticos". Se roubavam a arma e o uniforme de um policial, davam-lhe dinheiro para que os comprasse de novo, cientes de que seus chefes o obrigariam a pagar pela própria roupa de trabalho. Se pressionavam um motorista para levar seu veículo com o intuito de usá-lo em uma ação, na hora de devolvê-lo deixavam dinheiro em cima do banco para comprar a gasolina que tinham gastado. Além disso, nunca levavam o carro de gente da classe trabalhadora: o melhor alvo eram os advogados. E os donos de Kombis Volkswagen.

As Volkswagen tinham boa aceleração e eram fáceis de encontrar e roubar. Era preciso colocar um casal se beijando contra o veículo e, entre um amasso e outro, abrir a janelinha triangular que servia para a circulação do ar. Então passava-se um arame por ela, levantava-se por dentro a maçaneta da janela grande, metia-se a mão e abria-se o carro. Uma vez lá dentro, faziam uma ligação direta com os fios e partiam. A *Parda* tinha levado vários carros assim. E apesar de não ter permissão para dirigir – ela só tiraria a carteira de motorista depois de completar 60 anos –, sabia levar um veículo ao seu destino.

A relação entre o MLN e as Volkswagen era tão estreita que houve derivações. Algumas boas e outras más. Na Alemanha – esta é a boa – circulava uma propaganda com o slogan "Compre um fusca. O carro preferido dos tupamaros": uma chamada discutível – a rigor, eles usavam principalmente Kombis –, mas em sintonia com os ventos do Maio Francês. E no Uruguai – esta é a má notícia –, a marca estava na mira de Otero. O comissário sabia que ela era a preferida dos guerrilheiros e estava especialmente atento a qualquer movimento suspeito feito em algum desses veículos. Otero contava ainda com outra informação: no começo de 1968, um militante – Alberto Candán Grajales – tinha perdido um rolo de filme com fotos tiradas para fazer documentos falsos, e o material tinha chegado às mãos do comissário. Valendo-se dessas imagens, ele conseguiu achar o rastro de alguns tupamaros e identificar a Volkswagen dirigida por Jorge Manera – da direção do MLN em Marquetalia – quando ele saía da base.

Embora a placa da Kombi fosse falsa, àquela altura Otero estava mais perspicaz que Sherlock Holmes. E mais pressionado também. Em junho daquele ano, a organização tinha sequestrado Ulysses Pereira Reverbel, um empresário amigo de Pacheco Areco e presidente da UTE, a empresa de energia e telecomunicações do Estado, e a polícia ainda não havia conseguido encontrá-lo. Por essa razão, havia alguns dias, os legisladores – encabeçados por Zelmar Michelini, do Partido Colorado – estavam no Congresso interpelando Eduardo Jiménez de Aréchaga, ministro do Interior, que, sempre que tinha um minuto livre, pegava o telefone e ligava para Otero:

– Me passa alguma novidade. Eles estão me questionando e preciso de tupamaros presos.

Otero assentia, mas no fundo se recusava a pegar qualquer coisa: queria tupamaros de verdade. E queria pegá-los às pencas. Por isso, toda vez que um policial via Manera sozinho na Volkswagen e tinha o impulso de pará-lo, Otero era claro:

– Ainda não. Deixem-no seguir em frente.

O comissário queria encontrar o esconderijo do grupo. Ou pelo menos capturar mais de uma pessoa. Durante uma dessas rondas, a *Parda* notou algo estranho.

– Acho que eles estão de olho na Volkswagen – disse em Marquetalia. A maioria achou que era um excesso de paranoia, mas ela insistiu: – Não podemos usá-la mais, porque, se eles a rastrearem, poderão encontrar a base.

No entanto, a Kombi continuou sendo usada. Até que em 8 de outubro saíram, junto com Manera, Leonel Martínez Platero – o marido da *Parda* –, Julio Marenales e Carlos Rodríguez Ducós. Na verdade, sempre tinham saído com ele: iam deitados na Kombi. Mas nessa ocasião relaxaram, sentaram-se e foram vistos. E Otero mandou-os para a prisão. A notícia chegou imediatamente aos meios de comunicação.

"Nos corredores do Parlamento, onde o ministro do Interior está sendo questionado, comenta-se que pegaram uma Kombi com tupamaros", ouviu a *Parda* em Marquetalia. Ela desligou o rádio; começou a fazer cálculos. Otero chegaria à base a qualquer momento. Tanto ela quanto os dois companheiros que estavam no cantão deveriam seguir as prioridades da organização: em termos de resgate, primeiro vinham as pessoas, depois, o arsenal, depois, os bens. Então eles pegaram alguns rifles e decidiram partir, embora tivessem uma dúvida: o que fazer com o material que não podia ser transferido? Havia carros semidesmontados, uma oficina para fabricar granadas, outra para camuflar carros. E papéis. Muitos papéis.

– Não podemos passar tudo agora para um apartamento, muito menos a dinamite – disse um deles, apontando para um punhado de caixas. A dinamite estava cristalizada: a umidade a tinha recoberto de nitroglicerina exsudada, e se movessem as peças aquele componente poderia agir detonando o resto. O risco de explosão era alto.

– Vamos queimar tudo – disse a *Parda*.

Várias décadas mais tarde, alguns diriam que a ordem foi executada no ato. Mas outros garantiriam que os tupamaros fugiram com urgência – precisavam salvar a própria pele – e voltaram sigilosamente dois dias depois, com a tranquilidade de que a polícia não estava encontrando tão facilmente o local.

Seja como for, o final é o mesmo. A *Parda* e seus companheiros reuniram num único espaço tudo o que não poderiam levar, cercaram com dinamite, colocaram um pavio longo, acenderam-no e foram embora. Minutos depois, um cogumelo de fumaça preta engoliu o maior centro militar que o MLN havia tido.

A *Parda* sentiu um alívio resignado. Ela tinha salvado informação, mas ficara exposta à intempérie. Sem lugar para ir, viveu de modo itinerante durante nove meses. Até que, em 14 de julho de 1969, foi capturada enquanto ia para um aparelho dar assessoria sobre explosivos. Houve uma falha na comunicação e a porta do lugar não foi aberta pelos companheiros, mas por militares.

"Uma ratoeira", pensou a *Parda* no ato ou sequer pensou: a palavra apareceria depois, quando rememorasse o acontecimento. A *Parda* saiu correndo como um animal selvagem. As pernas se moviam sob a agitação frenética do short-saia em cujo compartimento interno, inútil, estava a 38. Não havia tempo para atirar. Era preciso correr, correr, correr, e a *Parda* correu um, dois, três quarteirões, até que foi alcançada. Assim se deu sua primeira queda. Nesse mesmo dia, junto com Marta Avella e Miriam Montero, duas estudantes de arquitetura que conhecia dos tempos da faculdade, ela deu entrada na chefatura, o passo anterior à prisão.

Localizado no centro de Montevidéu, o edifício da chefatura era o espetáculo da burocracia. Tinha sete andares e vários mezaninos, e em cada nível havia corredores e bifurcações que somente os policiais sabiam desvendar. Nos andares quatro e cinco ficava a Cadeia Central: um lugar transitório onde se decidia o destino dos detidos – Cabildo para as mulheres, Punta Carretas para os homens – e onde a força pública procurava suas verdades por meio de perguntas e, se Otero não estivesse presente, também de torturas. A *Parda* foi levada para uma sala. Um policial se aproximou dela e manteve um silêncio tenso, como se tensionasse um arco antes de soltar a flecha.

– Quem é você? – perguntou.
– Virginia Cánovas.

Isso era o que dizia o documento falso. A identificação era inventada como tantas outras. Os militantes legais roubavam cédulas – às vezes de um colega de estudos ou de trabalho – e usavam os dados originais: nome e sobrenome, local de nascimento, idade, cor dos olhos. Depois, incluíam na cédula a foto e a digital de um tupamaro. Apesar de a polícia ter os dedos de todos os uruguaios arquivados, as buscas em tempos analógicos eram feitas de modo artesanal, e verificar a informação podia levar muito tempo. A *Parda* tinha escapado assim da delegacia numa ocasião.

Mas desta vez era diferente. O comissário Otero estava por trás da operação, e o cruzamento de dados deu frutos. Horas mais tarde, outro policial a abordou.

– Você é María Elia Topolansky – disse, como se dissesse: xeque-mate.

A *Parda* olhou nos olhos dele:

– De que adianta negar?

Eles a examinaram. A garota tinha cabelos castanhos, pernas lindas, usava mocassins; não se parecia com a fantasia criada pelas forças militares a respeito de alguém cujo codinome era *Parda*: um termo que – despojado de uma leitura cinematográfica – aludia a certa escuridão. A *Parda* foi encapuzada e levada para interrogatório. Subiu dois andares, cruzou corredores, desceu degraus, perdeu a referência e acabou numa sala, onde retiraram seu capuz. À sua frente, estava Otero com seus olhos de estilete.

– Por que você está metida nisso, Topolansky? Se o seu marido já está preso... – disse, movendo a cabeça lentamente em sinal de reprovação.

A *Parda* manteve a boca fechada.

– Além disso, pra que largar a arquitetura, menina... Pra quê...

Otero sabia de tudo. Onde ela tinha nascido, o que havia estudado, quem eram seus irmãos. A *Parda* tinha decidido não responder nada além dos dados obrigatórios: nome, idade, filha de quem era. Até que, horas depois, irritado, Otero partiu para a chantagem e a deixou vendada e de "plantão", como era chamado o método de tortura que consistia em forçar o preso a ficar de pé e parado durante horas. Isso, dizem, era o máximo que o comissário fazia.

A *Parda* ficou às cegas num espaço que poderia ser um corredor. As pessoas passavam por ela e a chutavam, empurravam, estapeavam. Sob o capuz, a *Parda* não ouvia nada.

– Tem alguém aí? Quero ir ao banheiro – disse algumas vezes. Mas ninguém respondeu ao pedido. Só depois de algumas horas, ela foi levada para urinar, mas a obrigaram a ficar nua. Isso não estava em seus planos. Desconcertada e no escuro ela tirou a roupa e sentiu o ar úmido do banheiro contra a pele fria. Depois a meteram num porão onde ela foi molhada e deixada novamente de plantão. O tempo passou. O intervalo regulamentar de permanência na chefatura era de 24 horas – o Uruguai era uma democracia, e essas formalidades eram respeitadas –, por isso, logo ela foi levada até um juiz.

O magistrado fez perguntas que a *Parda* respondeu de modo negativo e finalmente mandou prendê-la, apesar de ainda não haver provas contra ela. Naqueles tempos, se a autoridade considerasse o detido suspeito, essa "sensação" bastava para mandá-lo para a prisão sob a figura da "convicção moral do juiz". No caso da *Parda*, a convicção se baseava no fato de ela ter passado dois anos na clandestinidade e de seu marido – Leonel – estar em Punta Carretas, além da denúncia de um colega de trabalho. Nos últimos meses, a *Parda* tinha trabalhado como desenhista num órgão cultural da embaixada estadunidense. E seu chefe, norte-americano, tinha notado algo estranho e pedido que investigassem se ela era uma espiã.

– Topolansky, a senhora será processada por atentado à Constituição, associação criminosa e espionagem – ela ouviu.

A maioria das pessoas ia presa por "atentado à Constituição" ou "associação criminosa", que tinham uma pena máxima de dois anos. "Espionagem", por sua vez, era uma acusação mais grave, mas um de seus advogados prometeu que trabalharia para retirá-la do processo (o que conseguiria meses depois). De maneira que não havia muito mais o que fazer na Cadeia Central por ora.

A *Parda* passou uma última noite ali e em 16 de julho de 1969 foi transferida para Cabildo.

No dia de sua chegada, caía uma chuva torrencial. Ela desceu do carro, olhou para o céu e se lembrou de um amigo anarquista que, ao cair preso, viu a chuva e falou consigo mesmo: "A natureza está chorando porque estão me colocando jovem na prisão". O rapaz tinha 18 anos. A *Parda*, 25. Estava entrando em Cabildo tal como tinha entrado na chefatura: calçando mocassins com meias de cano alto, vestindo jaqueta de couro e a peça escocesa com o bolsinho no cós – onde costumava guardar a arma – vazio.

A entrada na prisão era fria e solene. Havia uma sala de recepção cheia de figuras religiosas. Nela, estava a Madre María Victoria, Mamer, falando com a testa franzida enquanto esfregava os braços num gesto que poderia indicar frio ou autocomplacência. Mamer perguntou se ela fumava, alertou-a sobre as restrições ao mate e exigiu que ela usasse saia.

– Religião?
– Ateia.
– Hum – a freira ficou impassível. – Aqui as coisas são diferentes. Saiba que na nossa frente a senhora não pode falar.
– De religião?
– De nada.

A *Parda* se sentia na Idade Média. Não só pela exigência de usar saia, mas por uma camisola longa que outra irmã – Rosario – lhe entregou depois da fala inicial.

– Vista isso para tomar banho – disse.

Irmã Rosario era uma paraguaia magra, ossuda e de idade indefinida. Todas as freiras tinham essa característica: pareciam flutuar numa névoa do tempo, como se a ausência de pecado as tivesse lançado num devir seco de tudo, inclusive de matéria. Rosario conduziu a *Parda* pelo convento.

O prédio tinha paredes brancas, grades coloniais e lustres de ferro forjado, e estava distribuído em forma de ferradura em torno de um pátio central com um roseiral. As janelas da sala de trabalho, dos dormitórios e do refeitório se abriam para aquele espaço, e havia ali ainda uma porta que dava para outro pátio ligado diretamente à capela. A *Parda* dirigiu-se até um dos dormitórios. As colchas das camas eram todas da mesma cor, como se a prisão fosse um internato para mocinhas. Nos outros colchões havia mulheres.

– Agora vá para a cama – disse a freira. E apagou a luz.

Quanto tempo ela aguentaria naquele confinamento? Precisava sair o quanto antes. Era só uma questão de se organizar com as companheiras políticas e, caso fosse preciso, com as presas comuns. Com elas, a *Parda* dividiria os dias. Que seriam longos.

Às 6 da manhã seguinte soaram os sinos que marcavam o início do dia. Houve um rumor de cadeados, de cassetetes arrastados e chaves que giravam nas fechaduras. Com suas camisolas até o chão, elas se encaminharam lentamente para o banheiro. Lá se vestiram: saia cinza abaixo dos joelhos, casaca. Depois, seguiram em fila até o refeitório.

– Todas de pé – disse a irmã Rosario e começou a rezar o pai-nosso. A *Parda* fechou os olhos, como se isso pudesse atenuar alguma coisa. Sentou-se. O único som era o de Mariela, outra reclusa, cortando o pão. Mariela tinha apunhalado seu marido espancador e recebera uma pena de 22 anos de prisão. Agora afundava a faca no miolo enquanto Elsa, a outra presa comum – a parteira abortista, responsável pela cozinha – trazia leite quente e o servia com uma grande concha. O leite se misturou ao mate cozido e ganhou um tom pantanoso. A *Parda* envolveu a xícara com as mãos. Fazia frio. Comeu enquanto a freira rezava o rosário.

– Silêncio!

Se alguma delas falava, era repreendida.

A irmã definiu as tarefas do dia: trabalhos manuais e limpeza dos banheiros, pátios e dormitórios. Sor Rosario era obcecada com a limpeza. Passava o dedo por móveis e quinas e só se entusiasmava ao explicar seu método para deixar panelas de alumínio brilhando. A *Parda* obedecia porque não tinha opção. Passava dias inteiros esfregando ou fazendo trabalhos manuais sem ter sequer a possibilidade de ouvir a rádio: era considerada um meio pernicioso tanto pela informação quanto pela música que poderia transmitir.

As tupamaras gostavam de rock – pelo menos as mais jovens –, mas, acima de tudo, gostavam de canções de protesto. Nos anos 1960, tinham surgido Daniel Viglietti, Alfredo Zitarrosa e Los Olimareños, e qualquer uma dessas vozes soando na prisão era vista pelas freiras como uma provocação. Somente a irmã Rosario ligava, de vez em quando, seu transmissor portátil e sintonizava alguma música que pudesse ser considerada "apropriada", mas, na hora do noticiário, ela o desligava. As notícias também eram perniciosas.

Depois de alguma pressão, as freiras liberaram o noticiário noturno da televisão, desde que as reclusas assistissem antes à telenovela *La Galleguita*, em que um menino rico se apaixonava por uma mulher pobre e linda. Mas até que essa hora chegasse, elas tinham de ficar em silêncio e trabalhar. As presas recheavam bonecas de pano, faziam flores de plástico e coroas fúnebres, tramavam as redinhas que envolvem as laranjas nas mercearias, encaixavam centenas de grampos – seis claros de um lado, seis escuros de outro – em quadrados de papelão e enfiavam palitos de dente em caixas com a etiqueta "50 palitos embalados higienicamente". Tudo em silêncio absoluto. Não podiam nem assoviar.

– Isso é coisa de *machona*! – repreendia Rosario.

Também não podiam tocar umas nas outras. As freiras tinham horror à possibilidade de alguma expressão homossexual, por isso elas tinham que tomar banho de túnica e controlar as manifestações de afeto. Se uma companheira apoiava a mão no ombro de outra mulher, a irmã Rosario parava de tricotar – ela tricotava intermináveis cachecóis cinza – e com a agulha batia suavemente nessa mão.

– Não pode.

Com o passar dos dias, a *Parda* e suas companheiras encontraram subterfúgios para fazer certas coisas. Principalmente, falar. E tramar a primeira fuga. Alguns tupamaros livres, liderados por Amodio Pérez – o companheiro da *Negra* Alicia –, analisariam a movimentação do bairro e a guarda externa da prisão. E as tupamaras presas revisariam a dinâmica interna. Dessa forma, encontrariam juntos uma maneira de fugir. O diálogo entre eles se daria por meio das famosas cápsulas, que seriam entregues como de costume: nas visitas familiares, de mão em mão, ou – se houvesse uma relação de casal – mediante um beijo.

A *Parda*, assim como aconteceria depois com Graciela Jorge e tantas outras companheiras, não recebia visitas de seu marido, porque ele também estava preso. Sua irmã gêmea tampouco a visitava, porque, nessa época, já havia entrado para o MLN e estava clandestina. Suas únicas visitas eram o pai, a mãe e o avô materno, Enrique Saavedra Barrozo: um homem de 100 anos que tinha sido juiz de paz e que, devido a sua idade, tinha permissão para ver a neta fora do locutório de visitas.

Quando chegou, Saavedra Barrozo foi recebido por Mamer e seus modos de cúria aristocrática.

– Doutor, para nós é uma honra tê-lo no livro da prisão, sabemos que o senhor foi juiz de instrução – disse a superiora em alusão a um cargo que Saavedra havia ocupado e que o vinculava ao direito penal: quando um recluso é liberto, o juiz de instrução é quem assina a saída.

Saavedra respirou fundo e expirou com força, como se com essa exalação estivesse expulsando o passado.

– Eu estou com 100 anos e tenho na minha consciência o fato de ter mandado pessoas para a prisão – respondeu –, e sei que aqui ninguém nunca se recupera.

Conforme a resposta avançava, o rosto de Mamer foi mudando de textura até se tornar argiloso.

– Bom, tenho que informá-lo que sua visita foi suspensa – disse. E se retirou.

Um tempo depois, a diretora explicou à *Parda* as razões pelas quais ela havia ficado sem visita familiar:

– Essas palavras, não – advertiu.

Não ficou claro a quais palavras ela se referia: provavelmente a todas.

A partir desse dia, os únicos que entravam e saíam sem restrições eram os três advogados da *Parda*: militantes de esquerda que podiam ver suas protegidas sem limites de horário e que ajudavam a circular a informação entre as prisões.

Um deles era a escritora María Esther Gilio, que não assumiu o processo, mas era a advogada de Leonel – entre outros presos – e passava mensagens entre Cabildo e Punta Carretas. O objetivo era tramar a primeira fuga. Não tinha por que ser algo complicado. No interior da prisão, não havia militares, nem mesmo polícia feminina: apenas freiras. Então os membros do MLN – de dentro e de fora – estudaram opções, pontos fracos, salvo-condutos. E perceberam que o flanco mais simples era a capela: uma construção que, aos domingos, era aberta aos vizinhos do bairro que assistiam à missa.

– Temos que ver esse lugar de perto – disse a *Parda*.

– Mas nós dissemos que somos ateias – respondeu uma companheira –, nem a pau vão deixar a gente entrar.

O ateísmo era um problema. Não só porque antes de almoçar tinham que permanecer de pé enquanto o resto rezava e porque tinham que se levantar de novo ao terminar de comer para que as crentes agradecessem pelo pão, mas porque a via de fuga mais factível era através da capela.

A *Parda* teve então uma ideia:

– Podemos dizer que somos estudantes de arquitetura e queremos estudar como ela foi construída.

As freiras consideraram o argumento razoável: eram gente acostumada a crer. Deixaram que elas entrassem. Uma vez lá dentro, as presas observaram que o lugar tinha forma de cruz, que havia um altar na interseção dos dois corredores e que cada uma das extremidades cumpria uma função distinta: as horizontais eram gradeadas – ali se sentavam as presas –, a superior, mais curta, era o genuflexório das freiras, que se conectava ao interior da prisão; e, na mais comprida, estavam os bancos do público, e ela terminava em uma porta que dava para a rua e que se abria aos domingos às 9 da manhã, para que os vizinhos entrassem para a missa. Restava apenas saber como todas as áreas se relacionavam. E então aconteceu um episódio fortuito.

O juiz Saavedra, avô materno da *Parda*, morreu. Em sua sala, sentada atrás de sua mesa de carvalho, Mamer deu a notícia com certo remorso.

– Eu naquele momento, por razões que já expliquei, não concedi a visita do seu avô... Sei que você não crê, mas se quiser fazer uma missa para o seu avô, podemos avisar ao restante dos seus familiares...

A *Parda* se iluminou.

– Quero – disse – porque meu avô era católico.

A superiora aceitou com deleite, como se tivesse ganhado uma batalha ontológica. E avisou aos familiares da reclusa, que ficaram felizes porque acreditaram que a *Parda* finalmente estava se regenerando.

No dia da missa fúnebre, todas as presas políticas ficaram sentadas ao lado do harmônio. Uma irmã, miúda e idosa, estava tocando. Era brasileira. A maioria das freiras vinha de fora do Uruguai: havia argentinas e paraguaias, e uma única uruguaia, que tinha sido vendedora numa loja grande de Montevidéu e, um dia, acreditava-se que devido a alguma desilusão amorosa, tinha abandonado o mundo secular e entrado para a Ordem. Mas Margarita, a brasileira, era outra coisa: ainda falava com sotaque carioca e, às vezes – achavam as reclusas –, ficava entediada e ia para a capela tocar sozinha como se fosse uma menina. Mesmo tendo 80 anos, Margarita vivia imersa numa pureza alcanforada. Acreditava que o Céu realmente estava cheio de anjos e santos, mas quanto à Terra não fazia ideia.

As garotas decidiram conquistá-la. Nos dias seguintes, cantavam tangos e peças folclóricas toda vez que ela passava. Até que, numa manhã, a irmã se aproximou delas.

– Que bonito... estão cantando canções folclóricas uruguaias – sorriu –, não gostariam de cantar na igreja? Quero fazer um pequeno coro para as missas. Sei que vocês não são crentes/católicas, mas...

As companheiras nem precisaram se entreolhar.

– Mas isso não tem nada a ver! – interrompeu uma delas.

– Nós só iríamos cantar! – disse outra.

Foi assim que começaram a ensaiar aos domingos. A canção que entoavam com mais vontade era "Senhor, dai-nos tua paz", porque podia ser pronunciada como "senhor, dai-nos *tupas*", uma piada interna que a freira nunca registrou, porque estava concentrada em outra coisa. Margarita só se importava com os tons: algumas desafinavam.

– Não sei se é bom que todas estejam no coro... – disse, em dúvida.

Mas as presas falaram em segunda chance e misericórdia. Nos encontros seguintes, as cantoras menos agraciadas cantaram mais baixo e deram lugar às mais afinadas. A estratégia funcionou. Começaram a ir à capela três vezes por semana para ensaiar e todos os domingos para cantar, tendo recebido um apelido da freira: "os canários".

– Um dia Deus lembrará de vocês, canários, porque vocês foram cantar, mesmo sem acreditar nele... – dizia a irmã Margarita, comovida.

Os canários analisaram a capela. Não havia como passar pela grade que separava a área das presas da do público, de maneira que a única forma de chegar à porta de saída era através do setor das freiras, que não tinha grades. Como entrar lá? Naquele espaço havia uma portinha que dava para um pátio com plantas e uma imagem de Nossa Senhora, e esse pátio se comunicava, por meio de outra porta, com o setor de recreação das reclusas. A pergunta era se a porta que ligava o pátio à capela tinha chave. E, se tivesse, quando ela ficava aberta. Com o passar dos dias, elas observaram que quase sempre ficava. Se alguma presa tinha um ataque de contrição e quisesse rezar ou se confessar, fazia isso a qualquer hora e através daquela porta. Se não seguia viagem até a rua, era simplesmente porque a porta da entrada estava fechada. Exceto nas manhãs de missa.

Esse e outros dados foram enviados para fora da prisão em papéis de enrolar cigarro. As sedas informavam que era possível acessar a área livre da capela. Que às 8h50, a porta de duas folhas que dava passagem ao público do bairro era aberta. Que, em seguida, acendiam-se as velas do altar. Que, mais tarde, chegava o padre e dava início ao serviço religioso, às 9h. Que depois esperavam as pessoas irem embora, fechavam as portas e as presas voltavam para o pátio. Que elas podiam acessar esse lugar facilmente e sem violência. E que não era decente fugir no meio da missa, por respeito aos fiéis: tinham de fazer isso ao final – mais arriscado, porque o público estaria indo embora – ou no início, quando a sacristã estivesse acendendo as velas. Por último, as reclusas enviaram um mapa da prisão.

Do lado de fora, disseram: pronto. O plano de fuga das seis militantes estava fechado e era conhecido internamente como Plano Noite de Natal, porque iriam embora no dia 24 de dezembro. Mas aí ocorreu um episódio que aumentou a população da prisão e as obrigou a repensar a data, o método e a extensão da fuga. Em 8 de outubro de 1969, houve a Tomada de Pando – a ocupação do vilarejo de que participaram 49 tupamaros – e, entre os militantes, 6 mulheres caíram: Élida Valdomir, Cristina Cabrera, Myriam Fernández, Yessie Macchi – as 4 primeiras também fugiriam na Estrela –, Olga Barrios e Nibia Gonzalez.

A trama tinha ficado mais complicada. Não só porque havia presas políticas demais, mas porque estavam dispersas dentro da prisão. A *Parda* e outras companheiras tinham sido levadas para o setor Centro, outras tinham ido para o San José e outras para o Tabaré. Se quisessem fugir, teriam que fazer um escândalo para que fossem colocadas juntas.

"Vamos armar uma confusão. Quando virem que estamos discursando para as presas comuns, vão querer nos separar delas. Vamos pensar em alguma reivindicação de qualquer coisa", escreveu a *Parda* num papelzinho. A mensagem foi levada para outro pavilhão por uma presa comum que tinha livre circulação, devido a seu bom comportamento.

"Vamos pedir uma recompensa enorme, ir ao banheiro quando precisarmos, que só trabalhem as que quiserem", escreveu Élida Valdomir. "Que nos deixem falar e tomar mate quando quisermos, juntas, compartilhando a bombilha."

Essa conduta era asquerosa para as freiras, que tinham acabado de aceitar, um tempo antes, que cada uma sugasse seu próprio mate.

"Além disso", continuou Valdomir, "as presas comuns vão se animar com isso, quem é que não vai querer mate no Uruguai, e ainda mais estando em cana? Vai ser uma bela de uma confusão".

Não estava errada. Num domingo elas começaram a gritar e bater em metais. O escândalo tomou tal dimensão que pela primeira vez a polícia feminina entrou na prisão. Trancaram as detentas em seus pavilhões e mandaram chamar uma presa política por setor: a *Parda* pelo Centro, Élida Valdomir pelo Tabaré e Myriam Fernández pelo San José. As três entraram na sala de Mamer, que as esperava feito um jogador diante de uma mão de cartas.

– Prestem atenção, vou dizer a vocês claramente a mesma coisa que disse ao pessoal da Informação e Inteligência – bufou. – Vocês para mim são um estorvo. Se dependesse de mim, vocês não estariam mais aqui, porque eu tinha a prisão organizada de um jeito e vocês desorganizaram tudo. – Ela se levantou. O rosário, pesado entre os peitos, mal se movia. – Não me serve de nada e não estou interessada em ter presas políticas, aqui eu tenho gente de um mesmo nível cultural... Mas eles não querem tirar vocês daqui, então como eles não querem e, além disso, vazaram uns planos que devem ter sido mandados por vocês, tenho duas coisas a dizer: sou a primeira a querer que vocês fujam. Dei ordem a todas as irmãs para que não as detenham se vocês fugirem.

A audácia de Mamer surpreendeu as companheiras. Talvez suas palavras fossem pura retórica – nenhum responsável por nenhum presídio quer ter uma fuga em seu histórico –, portanto, por via das dúvidas, decidiram ficar em silêncio: a indiferença cumpria uma função no jogo.

– Quanto ao resto, tenho novidades – ouviram. Mamer continuou: o trabalho deixaria de ser obrigatório, a remuneração seria melhorada, elas poderiam fazer exercícios, teriam permissão para falar livremente e todas as presas políticas iriam para o mesmo pavilhão.

Elas tinham conseguido.

Era dezembro de 1969. Durante os dois meses seguintes se concentraram em montar uma nova fuga e esclarecer a pergunta central: quantas sairiam? Para as discussões, escolheram eliminar a palavra "fuga" e substituí-la por um termo mais cotidiano: votaram entre os nomes das companheiras, e o escolhido foi "Julia", de Julia Armand Ugon.

A principal discussão em torno de "Julia" era sobre o número.

– Não tem por que sairmos todas – sussurrou Elena Quinteros.

As conversas aconteciam enquanto elas faziam as tarefas: umas poucas trabalhavam na mesa e as outras ficavam embaixo, cobertas pela toalha que ia até o chão.

– Eu prefiro ficar – continuou Quinteros. – Se vocês forem com a Julia, nunca mais eles vão soltar as que ficarem.

– Mas temos que ir todas, Elena, isso é um golpe moral nos milicos. Julia é política – disse Luci, uma companheira cujo apelido poucos lembrariam e que pertencia a um grupo militar muito pequeno, as Forças Armadas Revolucionárias Orientais (Faro). Luci estava com quase nove meses de gravidez.

– Mas para que entrar na clandestinidade, eu quero voltar para a minha atividade sindical – continuou Elena.

– Além disso, Luci – disse a *Parda* –, você não vai entrar para a clandestinidade com um bebê.

– Claro que vou.

– Luci, nós não vamos sair pelas ruas como heroínas – continuou a *Parda* e olhou para América. – Algumas de nós já estivemos clandestinas e é duro. Às vezes você tem que viver trancada em alguma... coisa, nem sempre você consegue ver a família...

– Talvez você tenha que deixar a sua filha – acrescentou América.

– Então – a *Parda* respirou fundo –, minha ideia é que não saia todo mundo com a Julia, vamos só as que estamos mais comprometidas.

A *Parda* não estava pensando apenas no seu caso. Tinha em mente as companheiras que tinham caído na Tomada de Pando e outras quatro que também não sairiam tão cedo. Mas além disso havia dados que precisavam ser levados em conta. América e Luci estavam em estágio avançado de gravidez. E outras estavam a poucos dias de ter a liberdade assinada e poderiam sair com a lei ao seu lado.

– Mandá-las para a clandestinidade é ultrajante, é ridículo – continuou a *Parda*. – Além do mais, o argumento é imbatível: depois da fuga, o advogado vai dizer "elas tiveram a oportunidade de sair e não foram: libertem-nas". Em quatro meses todas estarão na rua e legais, entendem? Chega dessa ambição desmedida por sucesso, companheiras...

– Não importa a clandestinidade, se formos muitas lutando em tempo integral... – insistiu Luci.

– Mas é claro que importa! Se um companheiro sai de forma legal e recupera seu trabalho ou seu bairro, ele passa a ser um pequeno farol para difundir ideias! É possível fazer um trabalho de massas diferente, porque nós não vamos a lugar nenhum sem trabalho de massas – a *Parda* resumiu. – Oito de nós vamos seguir a Julia. Vamos propor isso aos de fora.

As outras concordaram e a proposta foi enviada. No fim das contas, o que era melhor? A espetacularização das ações, com o risco de morte e prisão que isso gerava? Ou preservar a vida dos companheiros, ainda que isso mergulhasse a organização num discurso menos explosivo? Os golpes de efeito acarretavam baixas. Isso tinha ficado claro na Tomada de Pando. Foram muitos os presos, feridos e mortos, entre eles um morador do vilarejo que tinha ficado no fogo cruzado.

Nos dias seguintes, a *Parda* fez suas tarefas de rotina enquanto esperava a resposta da direção. Até que chegou uma cápsula, que ela abriu desajeitadamente e com esperança. A resposta era negativa. Não dava no mesmo fugirem 8 ou 13. O tamanho importava.

A *Parda* acatou. Mas sentiu crescer uma rachadura que aumentaria com o passar do tempo, até distanciá-la do MLN. As fugitivas seriam todas as presas políticas, menos Luci – a quem tinha convencido –, Elena Quinteros – que respondia ao anarquismo, não ao MLN –, e América, que intimamente apoiava a proposta da *Parda* – era verdade, o movimento estava tergiversando – e para piorar estava prestes a parir. As demais deveriam se encarregar da logística sem levantar suspeitas entre as presas comuns.

A única que estava a par era Mariela, a que havia matado o marido. As tupamaras ensinaram-lhe a ler e escrever – Mariela era "analfabeta por desuso": tinha esquecido os saberes adquiridos na primeira infância –, e essa transmissão de conhecimento havia fortalecido o laço com ela. Quando chegou a hora de tramar a fuga, elas a convidaram a participar, mas Mariela declinou da oferta. Se saísse, ela disse, não teria para onde ir.

Nos dias seguintes e em silêncio, Mariela viu o plano ganhar nitidez. Primeiro, as tupamaras tiraram da prisão os objetos que não queriam perder na fuga (no caso da *Parda*, durante uma visita ela entregou à família um pequeno livro com a história, em linguagem de quadrinho, de como ela tinha conhecido Leonel). E, depois, abasteceram-se de lâminas – roubaram facas da cozinha, desmontaram tesouras –, shorts-saias, mais práticos, usando como molde a peça escocesa da *Parda*, e mandaram para fora informações sobre o número que calçavam. Em resposta, os companheiros da Funsa, a empresa de pneus – altamente sindicalizada –, enviaram pares a título de "doação para as presas".

– Eita, chegaram os silenciadores para a fuga – disse Mariela quando viu o carregamento. Imediatamente recebeu olhares de reprovação (não se podia dizer "fuga"), mas ela respondeu baixinho: – O que é que tem, a Mamer não está nem aí.

Faltava apenas definir para onde iria cada mulher uma vez que estivessem na rua. E estabelecer um dia, que acabou sendo o 8 de março de 1970, não por razões alegóricas – 8 de março é o Dia Internacional da Mulher –, e sim práticas: o dia 8 caía num domingo de missa.

Na noite anterior ninguém dormiu. Mas todas amanheceram num estado de falsa tranquilidade, tentando manter a rotina, porque era preciso aguentar até às 9h, a hora do ofício religioso.

Era um dia quente e ensolarado. Do lado de fora, a célula encarregada da fuga, comandada por Amodio Pérez, procurava veículos para a operação. Dividiram-se em três grupos. Um roubou uma Kombi Volkswagen, outro, um carro, e um terceiro, ao não conseguir uma Volkswagen, afanou uma ambulância. Enquanto isso, um quarto tupamaro verificava se a guarda estava cumprindo a coreografia esperada. Se dos muros para dentro a prisão estava nas mãos das freiras, do lado de fora os cuidados correspondiam aos de uma prisão. E era preciso supervisioná-los. Dois soldados numa esquina do quarteirão, em posição de descanso, bebiam mate e conversavam com as armas ao lado. Dois policiais armados com revólveres estavam na entrada do presídio. Havia um guarda no terraço. E uma viatura estava passando em frente à igreja, como todas as manhãs, às 8h30.

Na prisão, já estava tudo pronto. As mulheres que fugiriam tomaram café da manhã e mandaram as companheiras que ficariam para um dos dormitórios, para que não fossem relacionadas ao episódio. Depois, esperaram sua hora.

Às 8h45, 15 minutos antes do início da cerimônia, 13 tupamaros – 2 deles, mulheres –, distribuídos em 4 grupos, renderam a guarda enquanto uma jovem entrava calmamente na capela e se sentava num banco da primeira fila. A *Parda* espiou o salão e a viu por trás das grades. A visitante fez o sinal da cruz – isso indicava que tudo estava correndo bem – e a *Parda*, em resposta, repetiu o gesto. Ela saiu da capela para o corredor e acenou para as outras, que pegaram suas lâminas, cruzaram as duas portas – as que ligavam os pátios ao receptáculo das freiras – e entraram na área livre da capela. Lá, uma freira acendia as velas com um fósforo e a irmã Margarita se acomodava no harmônio. As presas cercaram o altar diante do olhar perplexo das religiosas. No início da fila estava a *Parda* e, no final, havia duas das três tupamaras que tinham participado da Tomada de Pando. Nas pontas da fileira, sempre deveria haver gente com formação militar, embora a bravura não fizesse falta nesse caso: as freiras estavam petrificadas.

– Os canários estão voando... – conseguiu dizer a brasileira: as fugitivas se lembrariam dessa frase.
– Detenham-nas! – gritou a das velas.
O público estava imóvel. Os infiltrados não tiveram de render ninguém. As mulheres, simplesmente, fugiram para a ambulância que estava na porta. O motorista ligou a sirene e foi embora. De dentro do veículo, a *Parda* olhou pela janela. Alguns companheiros estavam dominando as guardas e as soltaram à medida que o carro se afastava. Lá dentro começou a distribuição de material: cada uma delas recebeu uma carteira, uma arma, um pouco de dinheiro. E, mais adiante, elas foram sendo deixadas de duas em duas, em diferentes esquinas.

Assim acabou essa história.

Foi, em todo caso, muito mais breve do que a que viria depois.

4.

Cabelo claro, pele pálida, esbelta. Esta era a *Parda* quando ganhou as ruas. No entanto, assim que pisou no cantão designado teve que mudar de aparência. Uma companheira pintou seu cabelo de preto azeviche e outros avaliaram que ela deveria fazer uma plástica no nariz. Junto com Élida Valdomir e um terceiro tupamaro, ela marcou uma consulta na clínica de estética de um cirurgião que era militante legal.

A *Parda* compareceu à consulta com um casaco de pele, salto alto, vestido preto e um marido falso – Kimal Amir, o *Turco* –, que a acompanhava trajando terno.

– Não quero fazer essa porcaria de plástica, não vai mudar nada... – disse ela ao *Turco*. Mas a decisão já estava tomada: tirariam apenas uma pequena protuberância, que para ela dava "personalidade".

A *Parda* mostrou um documento falso, pagou um dinheiro que depois o cirurgião devolveria ao movimento e se entregou às enfermeiras.

– Não está de maquiagem, certo?

Ela odiava maquiagem.

Saiu da sala de cirurgia com o rosto cheio de hematomas e coberto por bandagens. Como será que ficou? Algumas semanas mais tarde teria a resposta: bom. Continuava sendo ela, mas ao mesmo tempo estava diferente. Ela teve uma sorte que a maioria de seus companheiros não teria. Para não prejudicar o cirurgião com um fluxo de pessoas suspeito, as demais operações seriam realizadas por cirurgiões gerais, com resultados que nem sempre seriam os melhores. Alguns outros tupamaros submetidos a cirurgias – entre eles *Bebe* Sendic e Lucía, irmã gêmea da *Parda* – ficariam com problemas respiratórios crônicos. E com narizes idênticos, como se todos – homens, mulheres, corpulentos, *mignons* – os tivessem comprado no mesmo atacadão.

Mas a *Parda* estava majestosa. Em poucos dias, esqueceu sua aparência e se concentrou no que importava: solicitar uma reunião com a direção do MLN. Uma vez que *Ñato* Fernández Huidobro, o *Velho* Marenales e o engenheiro Manera estavam na prisão, a direção substituta era formada por Lucas Mansilla, *Bebe* Sendic – único membro da tetrarquia original –, Negro Amodio – que cairia três meses depois – e Efraín Martínez Platero, seu cunhado, irmão de Leonel.

A *Parda* queria abordar o problema da propaganda: alertar que as reviravoltas espetaculares estavam levando muitos companheiros à prisão e até à morte, e que estavam minando a popularidade do movimento. Uma pesquisa Gallup revelou que, depois da Tomada de Pando, 48% dos uruguaios acreditavam que os tupamaros eram "altamente perigosos". E essa percepção poderia ser capitalizada pelas forças policiais, que agiam sem a marca moral do comissário Otero – ele tinha sido afastado de seu cargo em janeiro de 1970 – e eram cada vez mais propensas aos interrogatórios raivosos. Vingativos também, desde que policiais tinham começado a morrer em confrontos.

A *Parda* queria falar de tudo isso, mas o pedido de reunião foi negado. Ela suspeitava do porquê. Na segunda metade do século XX, as mulheres uruguaias deveriam se considerar "realizadas" com o longo caminho que haviam percorrido. O voto feminino tinha sido conquistado em 1932, o direito ao divórcio por vontade exclusiva da mulher existia desde o início do século, houve um vislumbre de aborto legal em 1934 – embora tenha durado apenas um ano –, e todos esses avanços, ainda que fortalecessem o gênero, tinham consolidado uma crença equívoca e comum: as mulheres deveriam se dar por satisfeitas.

No MLN, 40% do movimento era formado por tupamaras, que não podiam esperar mais do que um papel delimitado e subalterno, embora sempre "necessário". Raúl Sendic as considerava "o repouso do guerreiro". E, anos mais tarde, na prisão de Punta Carretas, *Ñato* Fernández Huidobro confirmaria essa ideia ao redigir as Atas Tupamaras – uma espécie de manifesto que marcava as diretrizes do MLN – e explicar quais eram as melhores funções para as companheiras. Elas serviam de ponte ("as companheiras de todas as idades, por sua condição de mulheres, são muito eficazes no transporte de mensagens e objetos" uma vez que "o inimigo é vítima dos preconceitos profundamente enraizados que carrega em relação à mulher"); serviam como fachada nos imóveis ("ela é quem faz com que o aparelho pareça igual a todas as outras casas que o rodeiam. As tarefas da suposta dona de casa lhe permitem se relacionar com os vizinhos e assim determinar possíveis inimigos próximos"); serviam como integrantes de equipes de serviços e ação ("a mulher geralmente é um bom soldado"); e serviam para a fraternidade política ("a mulher é quem contribui constantemente, por sua simples presença, com um elemento muito importante para a unidade e a camaradagem dos revolucionários. O toque feminino que *Che* menciona em *A guerra de guerrilhas* ocorre em diferentes níveis, seja na refeição que a mulher consegue preparar com esmero e oportunidade, seja no gesto fraterno que alivia as tensões causadas pela luta [...]. Muitas vezes a sua ternura e a de seus filhos passam a integrar profundamente o mundo emocional daqueles com quem convivem").

As mulheres, em suma, não serviam para liderar o movimento. Poderiam, quando muito, chegar ao comando de uma coluna: a chefia que fica abaixo da direção. Até aí a *Parda*, Alicia Rey, Graciela Jorge e Élida Valdomir haviam chegado. Mas, acima disso, não havia espaço, porque a esquerda em geral – não só o MLN – estava atravessada pelos sinais de seu tempo.

Exceto por Alexandra Kollontai – ativista marxista, primeira mulher na história a ocupar um cargo no governo de uma nação: a Rússia –, por Nádia Krúpskaya – figura reconhecida do PC russo e esposa de Lênin – ou por Rosa Luxemburgo – alta figura do marxismo, que acabou à sombra de Karl Liebknecht, do PC alemão. Com exceção delas e das mulheres da Guerra Civil espanhola, pensava a *Parda*, na esquerda não havia espaço para a igualdade de gênero, porque a palavra "gênero" sequer era mencionada na sociedade como um todo.

Certa vez, para ganhar a palavra em uma discussão, a *Parda* pegou um pedaço de carvão e, como piada – ou nem tanto –, pintou um bigode em si mesma. Mas ela já não tinha mais energia para reivindicações engenhosas e se dedicou a fazer a única coisa que funcionava nesses casos: tornar-se insuportável até que lhe dessem a reunião.

E a reunião lhe foi dada.

– Estou preocupada – disse ela. – Estamos nos limitando aos golpes de efeito. Não estamos pensando no companheiro que vai cair na clandestinidade sem ter culpa no cartório. Estamos nos afastando do povo do Uruguai. Estamos começando a ter muitos mortos, tanto companheiros quanto pessoas mortas por nós. Antes éramos vistos como o fenômeno Robin Hood uruguaio, mas agora as pessoas já não gostam tanto da gente.

Eles a ouviram, mas ninguém lhe deu atenção. O MLN estava forrado: em abril de 1970, os militantes tinham superado as expectativas econômicas do movimento ao roubar com sucesso o ouro dos Mailhos: uma família milionária de quem tinham afanado mais de 300 mil dólares em moedas guardadas num cofre dentro de casa. E em maio, um mês depois, tinham desferido outro golpe extraordinário, desta vez no Centro de Instrução Militar (CIM). Um comando de 22 companheiros – entre eles Yessie Macchi – havia entrado ali, rendido os 64 cadetes e levado 420 armas modernas, 90 granadas e 70 mil balas. Por último, tinham assaltado o banco Caja Nacional de Préstamos Pignoraticios e retirado joias estimadas em cerca de 3 milhões de dólares: uma cifra que em 1970 beirava o sobrenatural.

Não estavam dispostos a questionar muita coisa. O MLN estava em estado de glória. Tinha crescido em ações e em tropa (eram cerca de 5 mil integrantes), ainda que também em violência. Uma abordagem moral, no meio dessa maré de boa sorte, poderia ser até perigosa. Como única resposta, a *Parda* recebeu uma ordem: ingressar na Coluna 10. Mas apesar de ter obedecido, ela continuou levantando suas dúvidas e, junto com outros companheiros, começou a se distanciar do MLN, até formar uma corrente que questionava o excesso de militarismo: a Frente Revolucionária dos Trabalhadores (FRT).

A divergência caiu mal na organização. Passaram a se referir à FRT como "microfacção", um termo depreciativo que replicava a forma como Fidel Castro, dois anos antes, desqualificara a corrente ideológica de Aníbal Escalante, que discordava do comandante. Mas essas reprovações do MLN não impediram a expansão da FRT, ou "a micro". O crescimento ocorreu paralelamente a episódios que extinguiram o triunfalismo da organização em Montevidéu. Aconteceu a queda de Almería – a ratoeira em que foram capturados *Bebe* Sendic, Alicia Rey e Graciela Jorge, entre outros – e, dias depois, Dan Mitrione foi executado pelos tupamaros.

O novo cenário colocou o movimento na defensiva: era preciso cerrar fileiras contra qualquer elemento que minasse o moral do MLN. A terceira direção – que tiveram de formar após a queda de Almería – reuniu então os membros da FRT, que não passavam de dez, e deu-lhes a seguinte mensagem:

– Ou militam na base, onde nós determinarmos, ou podem sair.

A *Parda* estava na clandestinidade e com uma fuga nas costas, e havia outros no grupo em situação semelhante. Teria sido mais fácil sair estando na legalidade, pensaram, mas estavam dispostos a correr o risco:

– Vamos sair.

A FRT começou a se expandir. Foi conquistando pessoas nos grêmios e entre os estudantes, num contexto favorável aos grupos que queriam adotar métodos menos violentos. No plano político legal, estava ocorrendo um estranho fenômeno partidário no Uruguai. De olho nas eleições presidenciais de 1971, estava sendo gestada a Frente Ampla, uma coalizão que proclamou Líber Seregni como candidato a presidente: um general reformado que vinha do Partido Colorado, tinha um apego substancial à legalidade e às instituições – seu lema era "Constituição ou morte" – e que estava colocando sob sua asa os partidos socialistas e comunistas, ou seja, boa parte do espectro da esquerda.

Todos os grupos estavam abalados pela estranheza e fecundidade do projeto, e os tupamaros em particular se viram diante de uma questão: deveriam apoiar a Frente Ampla, que apostava na política institucionalizada? Dentro do MLN, a decisão foi dar apoio crítico, isto é: o movimento não faria ações polêmicas até as eleições – com exceção das fugas: esse aspecto era inegociável – e apoiariam a Frente através de um aparato legal, o Movimento 26 de março (M26), data escolhida em homenagem à primeira vez que a bandeira patriótica dos artiguistas foi hasteada em Montevidéu. Na FRT, por sua vez, decidiram dar apoio irrestrito: era importante que os companheiros legais integrassem a estrutura da Frente.

A *Parda* estava nessa linha – querendo entrar no plano institucional e fora do MLN – quando caiu pela segunda vez.

Foi numa esquina e ela estava desarmada. Desde que começaram a apoiar a Frente, todos os clandestinos andavam sem armas – "a documento" [como dizem por lá] – para evitar tiroteios que ameaçassem o avanço da coalizão. Foi assim que um amigo de infância tornado militar a encontrou: reconheceu-a na rua e a meteu num jipe que patrulhava, e de quebra confirmou à *Parda* que a plástica no nariz tinha sido uma idiotice.

Uma vez na chefatura, foi levada para interrogatório. A *Parda* teve de enfrentar um interlocutor que não era mais o comissário Otero, e sim o comissário Hugo Campos Hermida, que se notabilizaria como repressor anos mais tarde, ao praticar torturas no Automotores Orletti, o centro de detenção clandestino que existia no bairro Floresta, na cidade de Buenos Aires.

No entanto, Campos Hermida estava num dia bom. Ou ao menos não tinha ainda permissão para torturar.

– Olha, Topolansky, eu não posso fazer nada com você porque estamos numa espécie de trégua pré-eleitoral, sendo assim... – Campos Hermida olhou para seu subordinado –, pegue os dados desta aqui porque ela não vai dizer nada. Não vamos perder tempo.

Campos Hermida voltou-se para a *Parda*:

– Além do mais, pra que criar um problema – sorriu – se você vai para a prisão com as tupa e lá vão te dar uma coça por ter aberto o bico... Para você, seria melhor colaborar e ficar aqui do lado de fora.

A *Parda* não abriu a boca. Não cogitou falar nem delatar, mesmo quando Campos Hermida estava acertando em cheio. A *Parda* se perguntou como seria seu retorno à prisão. Como entrar? Cumprimentar a todas, como se nada tivesse acontecido, e apostar que as diferenças fossem apenas políticas?

Com essas dúvidas, ela chegou pela segunda vez a Cabildo. Era dia 21 de maio de 1971 e faltava pouco mais de dois meses para a Operação Estrela.

5.

A prisão havia sofrido mudanças após a fuga das *palomas*. Luci, Elena Quinteros e América García tinham sido levadas para a cadeia central da chefatura, enquanto na prisão de Cabildo o espaço era adaptado a uma categoria de preso que o Estado não havia contemplado: aquele que reivindica seus direitos – não podendo ser completamente subjugado – e que ao mesmo tempo tem inteligência e ousadia suficientes para tentar escapar.

Enquanto essas modificações prediais eram feitas, América García – que já estava na reta final da gravidez – percorreu um caminho sinistro. Depois de ser interrogada na chefatura, foi encaminhada para o Hospital Militar, onde deu à luz e perdeu sua segunda filha num confuso episódio de negligência médica. Com o corpo ausente, como se tivesse sido saqueado por uma mão espectral, América voltou para Cabildo com as demais companheiras e logo foi colocada em liberdade.

Durou pouco do lado de fora. Alguns meses depois, ela caiu novamente e encontrou uma prisão reconstruída. Havia sido montado um setor específico para as presas políticas na área San José, e a vigilância não estava mais nas mãos das freiras, e sim da polícia feminina: mulheres simples, geralmente de origem humilde, que viam as militantes com um misto de medo, respeito e humanitarismo. Os tupamaros despertavam esses sentimentos contraditórios. Acontecera com Otero – que sentia admiração por Sendic – e aconteceria em 1972 no Batalhão Florida, um local de confinamento onde perseguidores e perseguidos – militares e tupamaros – se uniriam em uma causa controversa: sequestrar membros da "burguesia oligárquica", interrogá-los violentamente – em conjunto – e saquear suas casas.

Mas isso demoraria a acontecer. Agora, em Cabildo, tinham projetado um locutório especial, separado daquele das presas comuns, para que as políticas recebessem visitas; e tinham decidido dar a elas um espaço de confinamento com portas abertas. Uma chave geral trancava o pavilhão, mas a circulação interna entre os cômodos da área San José era livre.

América estava no refeitório quando a *Parda* chegou. Observou-a atravessar o portão e olhar para as companheiras que a recebiam. A *Parda* conhecia várias delas. Com algumas, havia militado, com outras, tinha fugido na Operação Paloma, e com uma – que não estava na entrada – tinha compartilhado boa parte da vida. Era sua irmã Lucía. Não a via desde 1967, quando estava clandestina e se encontrava com ela.

A *Parda* estava ciente dos movimentos de sua irmã gêmea nos últimos anos. E Lucía também conhecia o passado recente da *Parda*: sabia que ela tinha escancarado suas diferenças com o movimento e repudiava esse gesto. Por isso, quando a *Parda* entrou no pavilhão, sua irmã nem se deu ao trabalho de se levantar para recebê-la. A *Parda* percebeu esse desprezo. Cumprimentou as companheiras que tinham se aproximado e depois foi até a mesa onde estava Lucía.

Lucía olhava para baixo: estava fazendo crochê.
– Oi – disse a *Parda*.
Lucía ergueu a vista.
– E aí, como você está? – respondeu e voltou ao trabalho manual.
A famosa conexão entre gêmeos era um mito. "A verdadeira família são os companheiros de ideologia, as pessoas com quem se decide colocar a vida em risco", pensou a *Parda*. E foi para o lado das militantes que estavam fora do MLN: cinco anarquistas – entre elas América García, que havia deixado o movimento – e três integrantes da FRT, seu grupo. Todas dormiam num mesmo cubículo, que não era exatamente um quarto, mas um punhado de beliches distribuídos num espaço que havia entre a cozinha e o refeitório. No dormitório grande – vinte e tantos lugares – e no pequeno – pouco mais de dez –, ficavam as do MLN.
A relação com elas era cordial, mas precária. Dentro da organização, as vozes questionadoras eram malvistas, por isso, estar com a *Parda* – que, para piorar, tinha acendido o pavio – era "uma queimação", nas palavras de algumas. Quanto à Lucía, ela só interagia com a irmã durante as visitas familiares, que eram as mesmas para as duas: os irmãos, o sogro da *Parda* – pai de Leonel –, a mãe e o pai.
Diante desse cenário, María Elia Topolansky era muito mais aberta do que todos imaginavam: ela sempre incentivou a formação intelectual de suas filhas – para que não repetissem suas próprias carências educacionais –, e a prisão, embora fosse um triste destino,

era a possível consequência de um pensamento independente. Mas Luis Topolansky era incapaz de ter essa perspectiva. Toda vez que se deparava com a imagem das garotas trancafiadas, abaixava a cabeça e a segurava com as mãos.

– Onde foi que eu errei? – ele se perguntava.

Não conseguia entender como era possível que tivesse não só uma, mas duas filhas presas.

Até os vinte e poucos anos, a *Parda* e Lucía tinham tido vidas semelhantes. Infância tranquila com vestidos brancos e fotos posadas na grama, escola francesa, preparatório no IAVA – instituto público que funcionou como celeiro político de muitos estudantes –, faculdade de arquitetura, ingresso no MLN. A sequência tinha tido apenas algumas diferenças. Enquanto a *Parda* tinha passado pelo grupo Fidel, Lucía começara a militar em favelas, dentro de um grupo paroquial. E tinha chegado ao movimento mais tarde, numa ação em que demonstrara convicção e ferocidade.

Em 1968, aos 24 anos, enquanto sua irmã já estava na clandestinidade em Marquetalia, Lucía estudava arquitetura e trabalhava como secretária numa agência financeira chamada Monty. A indicação tinha sido feita pelo marido de sua irmã mais velha, um cunhado que era alto funcionário do Banco de Crédito e que havia oferecido a ela um emprego numa suposta agência de viagens da instituição. Ela aceitou porque precisava do salário, mas, ao fazer os lançamentos contábeis, percebeu que havia nomes em código de grandes empresários que transferiam dinheiro para as Bahamas e o Panamá, numa época em que as transações em moeda estrangeira eram proibidas no Uruguai. Lucía entendeu que aquilo não era uma agência de viagens: era um escritório em que a Monty mantinha a contabilidade paralela que o Banco fornecia a uma série de clientes VIP que enriqueceram utilizando o dinheiro de pequenos correntistas e acionistas. Esse circuito, além disso, era alimentado por empréstimos, pela compra e venda de moedas e pelas mesas de câmbio ilegais.

Lucía ficou abalada com essa riqueza de informações. Em tempos de revolução cubana, de revoltas dos *cañeros* em Artigas – em seu tempo livre, Lucía arrecadava fundos para enviar aos trabalhadores –, de nascimento da Central Única – episódio que tinha potencializado o movimento sindical; em tempos, enfim, de turbulência no Uruguai, ser funcionária de uma empresa desse tipo era um peso enorme para a consciência.

– Meu trabalho é uma farsa. O que eu faço? Saio de lá e pronto? Saio e denuncio? – perguntou a um amigo.

– Não é fácil denunciar um banco... – ela ouviu. – Você vai ser solenemente ignorada pelos juízes, pelos jornais, por todo mundo...

Naquela época, a justiça e a imprensa pediam muitas provas antes de aceitar uma denúncia. Mas Lucía contava apenas com a ponta do iceberg. Então ela teve uma ideia. Foi até o apartamento que sua irmã e o cunhado tinham deixado – María Elia e Leonel, clandestinos – e que ficara sob sua responsabilidade; procurou por papéis com nomes que para ela indicassem uma relação com o MLN e telefonou para Américo Rocco, um desses contatos.

– Acho que você é tupamaro e quero te entregar uns papéis da minha irmã e também tenho algo que talvez interesse a vocês.

Rocco não podia acreditar. Ele não entendia como seu nome estava tão facilmente ligado à organização. Tampouco entendia a petulância daquela garota. Mas aceitou encontrá-la. E a observou. Lucía era magra, de cabelo castanho. Usava um vestido curto e florido que a revestia de uma inocência perdida em seus olhos. Suas pupilas eram negras como diafragmas fechados; o mesmo olhar da *Parda*. Evidentemente – por isso e por todo o resto –, ela era sua irmã. Então Rocco confiou na garota e lhe deu uma resposta:

– Nos interessa.

A partir desse momento, e até o início de 1969, Lucía trabalhou nos lançamentos contábeis da financeira Monty para reunir material que posteriormente poderia ser tornado público. Finalmente, em meados de fevereiro – a data é nebulosa –, entrou com uma licença médica na empresa e deu o sinal de largada. No dia seguinte, quatro tupamaros armados, vestidos com paletó e gravata – esse era, para eles, o melhor uniforme de combate – entraram pela porta principal do Banco de Crédito e subiram até o quarto andar, onde funcionava a financeira.

Em menos de dez minutos amarraram os funcionários e levaram dezenas de milhares de dólares, pacotes de ações, seis livros contábeis e outros documentos que comprovavam a atividade criminosa da empresa. O episódio foi tão perfeito que não houve feridos e a Monty sequer prestou queixa, já que uma investigação jogaria luz sobre os delitos econômicos perpetrados ali. Mas sobre o MLN eles falaram. Mediante um comunicado, afirmaram que o dinheiro roubado seria usado para "cobrir as despesas da luta do povo oriental" e avisaram que estavam analisando a lista de clientes.

No início de março, um envelope foi deixado na casa de um promotor encarregado de crimes financeiros. Nele, havia uma folha de pagamento que posteriormente seria divulgada em panfletos contendo os nomes dos beneficiários: homens de negócios, funcionários do governo e membros de partidos políticos. O caso Monty terminou com a renúncia de Carlos Frick Davies – ministro de Pecuária e Agricultura de Pacheco Areco e cliente VIP da financeira –, com alguns operadores financeiros presos, com um incêndio intencional – um fogo "inesperado" destruiu os arquivos da empresa – e com boa parte do povo uruguaio apoiando os tupamaros. O evento foi um exemplo perfeito de propaganda armada: o desvio da Monty não semeou terror, mas sim admiração e simpatia popular.

A essa ação seguiram-se outras na mesma linha. Entre elas, muitos assaltos a bancos (em 3 meses fizeram 14); a tomada de uma estação de rádio em plena transmissão da Copa Libertadores da América; o sequestro de um empresário que seria libertado em troca de doações para uma escola de bairro pobre e uma clínica sindical; e o assalto milionário ao cassino de Punta del

Este, de onde levaram tudo menos o dinheiro destinado ao pagamento de salários e gorjetas. "Por ora, o MLN dedica toda sua energia e inteligência, que não são poucas, a desmascarar a corrupção do regime, sua índole entreguista, a ineficiência de suas instituições antediluvianas, a hipocrisia de suas declarações, a estafa pura e simples do povo", escreveu Mario Benedetti na revista cubana *RC-21*. E nos meios de comunicação dos Estados Unidos e da Europa, começou-se a falar – como fez a revista *Time* – das "Guerrilhas Robin Hood".

Foi nesse contexto heroico que Lucía Topolansky apareceu pela primeira vez nos meios de comunicação uruguaios. Disseram que ela havia entregado a financeira e que estava sendo procurada pela Justiça. Por isso, teve que entrar para a clandestinidade. Durante dois anos, com um primeiro nome de guerra – Ana – e com um apelido que aparentemente fazia alusão à sua mente imperturbável – *Tronca* –, ela executou diversas tarefas dentro da 15: uma coluna mítica por ser rigorosa e militarizada, que no auge do MLN chegou a ser responsável por até cinco ações diárias.

Na 15, Lucía confeccionou documentos falsos – ela desenhava bem e fez um para quem, décadas depois, seria seu companheiro: *Pepe* Mujica – e participou de assaltos a bancos e demais ações militares. Uma das mais grandiloquentes teria ocorrido logo após sua entrada no movimento. Acredita-se que ela tenha feito parte de uma operação na General Motors, em junho de 1969, pensada para dar as "boas-vindas" a Nelson Rockefeller, então governador do estado de Nova York e considerado o "banqueiro do Império". Rockefeller estava em viagem pelo Sul, enviado por Richard Nixon, e recebeu uma espécie de mensagem transversal. Cinco tupamaros conseguiram entrar na General Motors – três disfarçados de militares, dois escalando uma cerca –, derramaram combustível na administração e em oito carros da empresa, atearam fogo e fugiram num carro que os aguardava do lado de fora. Lucía jamais admitiria isso, mas acredita-se que ela era uma das duas pessoas que estavam esperando no carro.

O incêndio causou um prejuízo de muitos milhões de dólares e foi uma dor de cabeça para o comissário Otero. Ele estava num momento difícil, porque o MLN crescia – em popularidade, ousadia, número de pessoas – enquanto ele continuava sozinho como sempre. O Estado colocava poucos recursos à sua disposição. Havia poucas armas, poucos projéteis, poucos *walkie-talkies*. Às vezes, para se comunicar com o escritório central, ele tinha de ir até um telefone público ou ligar de um bar. E se quisesse tomar um depoimento, tinha de garantir a resma de papel levando-a de casa.

Para vencer aquela guerra, pensava Otero, a única esperança estava num diagrama que ele mesmo havia elaborado e que mostrou aos primeiros militantes que deteve:

– A organização pode ser vista como um retângulo com um ângulo sombreado – disse ele aos detidos e traçou uma hipotenusa num dos cantos. – No triângulo está a organização, e fora está a segurança da organização, o conjunto de mecanismos e precauções que impedem que vocês sejam capturados. Se essa parte sombreada for ampliada para permitir a entrada de novos membros, a qualidade ou a quantidade do aparato de segurança inevitavelmente diminuirá. Eu estou esperando vocês cometerem esse erro.

Otero desfiava seu plano com satisfação. Ele acreditava no que dizia e celebrava secretamente a possibilidade de ter um público que não zombaria dele. Ao contrário dos tupamaros, seus colegas de chefatura o tratavam com o desprezo e a inveja dispensados ao cdf da turma.

– Otero quer ser o James Bond, só que com o salariozinho de policial uruguaio – diziam.

Mas Otero não se importava. Fazia anos que ele se dedicava a estudar a esquerda uruguaia. A princípio, o que chamou sua atenção foi o Partido Comunista, cujo aparato lhe permitia montar em poucas horas uma operação com a participação ativa de todos os seus militantes. Mas então houve algo que o cativou mais. O roubo de armas no Clube de Tiro Suíço, os assaltos a bancos, o surgimento de "comandos da fome", que esvaziavam caminhões com alimentos posteriormente distribuídos entre a população carente, as pichações de uma estrela com a letra "T" no meio, a frase – também pichada – que dizia "Arme-se e espere". Tudo sinais de uma mesma coisa. E embora ele logo viesse a descobrir quem eram os responsáveis por aqueles atos, anos se passariam até que suas teorias fossem levadas a sério.

Durante muito tempo seus chefes disseram que ele via fantasmas, e nos veículos de imprensa até debocharam dele. O jornal *Acción*, por exemplo, tinha um jornalista empenhado em defenestrá-lo: Alejandro Napoleón Sierra. O homem fazia a cobertura policial clássica – roubos, assassinatos – e tinha entrado em crise com o aparecimento dos crimes políticos: um tema que ele não dominava e que estava representado, entre outros atores, por Otero. "Na Chefatura de Polícia existe um funcionário determinado a nos fazer acreditar que surgiu no país um movimento subversivo chamado 'Tupamaros'. Até quando, comissário Otero, o senhor continuará a desviar recursos necessários para se combater os criminosos", escreveu Sierra certa vez.

Otero tinha recortado essa coluna e a colocado sob o vidro de sua mesa. Por causa desse tipo de gente ele precisava pagar pelo material de trabalho e suportar mais de um tipo de piada.

– *Che* – diziam também –, Oterito é bicha? Quero dizer, pelo jeito como ele se veste: eu compro os meus ternos prontos, mas ele manda fazê-los sob medida, desde quando policial faz isso?

Otero não era bicha: era metódico e excêntrico. Ele não fumava, não bebia álcool, não tomava mate. Lia Victor Hugo e Dostoiévski; ouvia Vivaldi, Mozart, Gardel. E podia comprar sua roupa num alfaiate porque complementava sua renda trabalhando como jornalista casual, vendedor de livros e roupas, e principalmente como árbitro de futebol profissional. Pocho Otero – assim o chamavam em campo – apitava jogos da primeira divisão do futebol uruguaio e participava de torneios da Fifa.

– Estamos preocupados com a sua segurança – dissera-lhe alguns meses antes o coronel Ventura Rodríguez, chefe de polícia de Montevidéu. – Os tupamaros vão acabar te matando num estádio qualquer. Você anda por aí dando sopa, sem seguranças, num campo de futebol, e qualquer hora dessas eles vão te dar um tiro. Você vai ter que abrir mão de ser árbitro.

Otero olhou para ele:

– Não posso andar com seguranças dentro do campo. E, além disso, como policial ganho 200 pesos por mês e como juiz, fazendo papel de palhaço num estádio, mais de 300, sem contar o que ganho para apitar no exterior, que é em dólar. Você acha que eu devo desistir do quê, chefe? Da polícia ou do futebol?

Não se voltou a falar do assunto. Pelo menos até 30 de abril de 1969, quando Otero estava apitando um clássico entre Peñarol e Nacional no Estádio Centenário, em plena Copa Libertadores, e o jogador Omar Caetano o derrubou no chão com uma bolada e o fez perder a consciência.

– *Che* – ouviu Otero ao abrir os olhos –, será que esse Caetano não foi enviado pelos tupamaros?

Otero se lembraria dessa piada até 2013, ano de sua morte. E diria ainda que o verdadeiro golpe de misericórdia não foi recebido num estádio, mas no trabalho. Em janeiro de 1970, a CIA o removeu do Serviço de Inteligência. Havia motivos. No final dos anos 1960, a CIA e a KGB, decididas a levar a Guerra Fria a Montevidéu, pediram a Otero, através de seus chefes na polícia, que buscasse a verdade por meio da tortura. Mas

Otero não apenas recusou: determinado a investigar todas as denúncias que chegavam ao seu departamento, certa vez mandou prender cidadãos húngaros que tinham chegado ao Uruguai, trazidos pela CIA, para cometer atentados contra instalações do PC (num deles, o de 11 de setembro de 1962, um bebê havia morrido). Essa imparcialidade teve um preço. Em 1970, Otero foi retirado e mandado para a Escola Nacional de Polícia para carimbar papéis.

A partir daí tudo mudou, não só para ele, mas principalmente para o MLN. Veio uma polícia mais dura e o movimento respondeu de modo mais virulento, com o lançamento do Plano Cacau: uma linha especialmente militarizada que promovia atentados terroristas em áreas civis, com o objetivo de destruir diretamente os "oligarcas" e os representantes do "imperialismo". A organização atacou bancos, discotecas, fábricas têxteis multinacionais, cinemas, um clube de golfe e até um boliche, embora procurasse não ferir pessoas.

Dentro dessa onda, em 8 de janeiro de 1971, Geoffrey Jackson, embaixador da Inglaterra no Uruguai, foi sequestrado. E o presidente Pacheco Areco, que já tinha declarado estado de sítio temporário após o assassinato de Dan Mitrione – em agosto de 1970 –, voltou a agir com mão de ferro, colocando mais uma vez toda a esquerda na ilegalidade – exceto o PC –, fechando meios de comunicação – entre eles o *Época* – e decretando a falta de garantias por 40 dias. Durante esse período, qualquer pessoa poderia ser presa sem ordem judicial.

Lucía Topolansky caiu nesse ataque. Em 19 de janeiro de 1971, durante uma batida num aparelho onde, na verdade, procuravam por outra tupamara, eles a encontraram junto a Teresa Labrocca e outros três companheiros. A novidade foi triunfal para o governo. A polícia relacionava Lucía não apenas ao atentado à General Motors, mas também ao sequestro de Geoffrey Jackson: acreditavam que ela tinha participado do roubo do Peugeot 404 usado para o deslocamento do embaixador.

Lucía e Teresa foram levadas para a cadeia da chefatura. Para evitar que fossem feridas, o MLN emitiu um comunicado que dizia que elas estavam sendo "barbaramente torturadas". Em resposta, tomou-se no quartel uma medida que não estava nos planos de ninguém: levar uma presa para falar com os meios de comunicação.

A ideia partiu do coronel Rubén Macchi, o inesperado pai de Yessie: um militar liberal em comparação com outros colegas, formado num tempo em que o Exército era usado pelo Estado apenas para defender um território. Macchi entendeu que as acusações de torturas feitas pelo MLN eram inadmissíveis e precisavam ser desmentidas publicamente. Para isso, convocou uma coletiva de imprensa à qual levou Lucía.

Mal subiu no palco, Lucía sentiu os flashes das câmeras fotográficas e cobriu o rosto com as mãos.

– Topolansky, tire as mãos do rosto! – gritou Macchi.

Lucía baixou os braços, mas manteve o olhar fixo no chão.

– Levante a cabeça!

Ela a levantou.

A imprensa a viu loira, tingida, de cabelo curtinho, magra como se algo a estivesse dessangrando. Vestia calça jeans, sandálias marrons e uma camisa azul-clara abotoada nos punhos. Uma agente policial se aproximou e arregaçou suas mangas até os cotovelos.

– Mostre seus braços – disse Macchi.

Lucía os estendeu, como se estivesse fazendo uma oferenda.

– Senhorita Topolansky, seus companheiros disseram no último comunicado que você foi torturada pela polícia. Isso é verdade?

Lucía baixou os braços:

– Não.

– Pode contar aos jornalistas como tem sido o tratamento que vem recebendo?

– Considero totalmente correto até o momento.

– Foi coagida nos interrogatórios?

– Não.

Um jornalista interveio:

– Por que então o grupo sedicioso que você integra denunciou que você foi objeto de repressão?

– Como posso saber se estou aqui dentro?

O colóquio foi noticiado com júbilo pela imprensa. "Pela primeira vez um tupamaro enfrenta jornalistas", disse o jornal *La Mañana*. "Cai Topolansky, mais uma líder tupamara", foi o título da matéria do *El País*, cujo texto – em que a definiam como "ativista antissocial" – era ilustrado por duas fotos. Numa delas, de perfil, vê-se o nariz adunco – ainda não tinha sido operado

– e uma magreza acentuada, fruto da genética, mas também do cansaço. E na outra, de frente, veem-se seus olhos. Lucía olha para as câmeras com o semblante opaco, como se estivesse se esforçando para esconder do mundo sua parte suave, a matéria trêmula e jovem de que é feita.

– Pátria para todos ou pátria para ninguém! – gritou antes de ir embora.

Ao lado da imprensa escrita, havia também câmeras de televisão. Lucía gritou para eles, sem saber que na televisão o material também é editado. A frase foi excluída.

Quarenta dias depois, em fevereiro de 1971, apesar de não ter sido comprovada sua participação no sequestro de Jackson ou no incêndio da General Motors, ela foi processada por associação criminosa e atentado contra a Constituição em grau de conspiração, e foi transferida para Cabildo.

Lucía chegou tranquila. Nessa época ela já tinha informação sobre aquela primeira fuga que seria feita pelos telhados. Mas, uma vez na prisão, soube que a informação sobre a fuga tinha vazado para o Exército, que o plano havia sido cancelado e que estavam pensando numa alternativa. Do lado de fora, propuseram cavar um túnel. Dentro, a ideia foi acatada e começaram a trabalhar com base nela, a partir de uma comissão de fuga composta, até então, por Yessie, Graciela, Alicia e – agora – Lucía. A comissão teria que tomar as medidas para identificar o local exato onde o buraco deveria ser feito, abordar gradualmente as companheiras

– para ver quais queriam fugir – e organizar a roupa: era preciso confeccionar saias – para que ao saírem dos esgotos pudessem vestir uma peça em bom estado – e encomendar os calçados, para que todas tivessem sapatos limpos quando colocassem os pés na rua.

Décadas depois, muitas se lembrariam de Lucía lhes perguntando os tamanhos com tal insistência que, para algumas reclusas, era irritante.

– Garota, sossega um pouco ou vamos ter que chamar as funcionárias para darem um jeito em você – chegou a dizer Violeta Setelich, segunda mulher de Sendic, que seria libertada antes da fuga.

Mas outras se lembrariam de Lucía serena, desenhando. Era boa nisso. Ela teria gostado de cantar ou dançar balé clássico, mas seu talento estava no desenho. Continuou assim a tradição da avó paterna, artista plástica formada em Viena; do pai, excelente desenhista; de um tio pintor e de alguns irmãos. Lucía conhecia os pastéis, as aquarelas, o carvão – faltava apenas dominar a pintura a óleo – e, na prisão, podia passar horas desenhando crinas de cavalos ou paisagens vibrantes. A liberdade para ela não eram as pombas voando: era a cor. Alguns desses desenhos ela gravaria em relevo no couro. Chegou a fazer com eles um calendário, que tinha um desenho e uma frase de Martín Fierro em cada mês. Ela havia completado os 12 meses de 1971, embora para a maioria daquele pavilhão o calendário fosse ser reiniciado em julho. Mas poucas sabiam disso. A informação não podia vazar para o resto das presas, e esse silêncio incluía sua irmã, que acabara de cair em maio, três meses depois.

A *Parda*, porém, estava de olho. Da despensa onde ficava sua cama, ela observava a rotina da prisão como se fosse um enigma a ser decifrado com astúcia e tempo. O pavilhão, ela percebeu, estava funcionando de forma diferente desde a sua primeira passagem por ali. Em vez de ridículos trabalhos manuais coordenados por freiras – como colocar fósforos numa caixa –, as mulheres faziam ginástica, formavam grupos de estudo, jogavam torneios de vôlei, participavam de debates políticos e trabalhavam em oficinas de artesanato. Elas as chamavam de "sindicatos", e havia o do couro, o do pano, o da lã. Com essa produção faziam objetos que depois eram vendidos pela família fora da prisão.

"Interessante", pensou.

Dessa vez, ainda assim, ela não faria nada com as mãos, mas faria educação física – era preciso chegar cansada à cama – e participaria de todas as reuniões que pudesse. Não havia por que se isolar. Chegaria o dia em que os companheiros de Punta Carretas sairiam às ruas e veriam a realidade – que todos os militantes estavam mortos ou presos –, mudando de opinião a respeito das características espetaculares e inócuas do movimento.

Já havia companheiras que, mesmo sem saber, sofriam com a política do MLN. A *Parda* as observava. Lá estava Cristina Cabrera, que entrou para a clandestinidade aos 19 anos, em 1969, só porque era mulher de Raúl Bidegain Greising, um quadro temerário que acabara de escapar de Punta Carretas com um truque

que parecia inspirado nos filmes de Buster Keaton: ele trocou de casaco com o irmão, que foi visitá-lo, e saiu para a rua fingindo ser ele. Bidegain Greising agora estava livre, enquanto Cristina, que não suportava sequer a ideia de ter uma arma na bolsa, passava os dias trancada: qual a necessidade disso? O que fazia Cristina atrás das grades e o que fazia, também, Gricelda Borges Saravia, aquela que tinha organizado os torneios de vôlei na prisão? Por que Gricelda estava lá dentro? Por que aquela garota de 25 anos deveria estar presa, uma enfermeira que tratava dos tupamaros feridos e tinha caído em março de 1971 por algo tão inapropriado, tão alheio a seus conhecimentos e ao seu mundo como portar armas?

O papel de Gricelda não era atirar, era curar. Fazia parte da 10 – uma coluna de serviços – e organizava os grupos sanitários para as ações militares. Sabia fazer um esterilizador com uma panela de pressão, sabia transformar uma cozinha em sala cirúrgica, sabia recrutar colegas aptos para o atendimento e como montar uma equipe de saúde com insumos roubados de clínicas e hospitais: bisturis, campos estéreis, plasmas. Gricelda, integrante do MLN desde 1969, sabia organizar e classificar o material porque tinha trabalhado no Hospital das Clínicas e estudava medicina, tendo treinado suas habilidades cuidando de todas as tias idosas de sua imensa família. O que fazia Gricelda armada, se seus conhecimentos eram outros e salvavam vidas? Ela tinha curado Efraín Martínez Platero, cunhado da *Parda*, irmão de Leonel, quando ele tomou um tiro de 45 no joelho porque um companheiro havia disparado sem querer enquanto ele dirigia. Meticulosa, precisa, Gricelda limpou com álcool uma mesa de carpinteiro, forrou-a com um nylon limpo e ajudou o cirurgião imersa num fedor de sangue. O cheiro era tão forte que um gato acabou entrando na sala sorrateiramente, atraído pela promessa de carne fresca.

Gricelda sabia. Ela tinha tanta coisa na cabeça que havia feito manuais sanitários que entrariam para a história nas lutas insurgentes do Cone Sul, e tinha recebido até a gratidão de um sequestrado. Quando, em fevereiro de 1971, o agrônomo estadunidense Claude Fly, que trabalhava para o governo uruguaio, sofreu um infarto num cativeiro do vilarejo, Gricelda estava na equipe que o ajudou a sobreviver. Confinada entre as paredes úmidas e quentes do porão, e em meio ao fedor de corpos suados e roupas podres, Gricelda tinha levado adiante um tratamento que incluiu eletrocardiogramas, exames de sangue, enemas, catéteres, injeções e banhos. "Vem comigo para os Estados Unidos", dissera-lhe Claude Fly pouco antes de ser libertado. Essa era Gricelda, ou Jimena, ou Sonia, ou qual fosse o último de seus nomes de guerra: uma mulher que apoiava a luta armada, mas que não fora talhada nem pensada para portar armas. Então, a *Parda* se perguntou, por que tinha caído durante uma ação militar?

Ela sabia a resposta: a terceira direção do MLN – a que havia substituído a segunda, desmantelada em Almería – tinha decidido que todos os membros teriam de passar por um desses procedimentos. E haviam ordenado que Gricelda participasse de um sequestro: deveria render um homem e roubar uma Kombi.

Gricelda recebeu a primeira e única arma de sua vida no mesmo dia do episódio, no banheiro de um bar chamado "Mañana", e a colocou na bolsa como se segurasse um rato morto pelo rabo. Ela sabia, de forma rudimentar, como carregar, montar e desmontar um 38, mas jamais tinha atirado. Com a arma escondida, ela parou um carro na rua, entrou com alguma desculpa que logo seria esquecida por todos e, uma vez dentro, quase imediatamente disse ao motorista "desce", com a ideia de sair para caminhar com ele enquanto os companheiros usavam o veículo. Mas uma pessoa viu a abordagem, chamou a polícia e Gricelda foi detida alguns quarteirões depois, sem sequer saber quem seria sequestrado. Por essa eventualidade, o movimento tinha perdido uma grande profissional da saúde que era essencial fora da prisão e que agora respondia a um processo por porte de arma, privação ilegítima da liberdade e associação criminosa.

Lá estava Gricelda, magra pelos dias passados na chefatura – em que se recusara a comer –, vestindo uma calça amarrada com barbante na cintura, deitada agora no chão do pátio. Olhando para o céu. Ela tinha ouvido que os nervos da visão ficavam prejudicados na cadeia porque os olhos estão sempre voltados para horizontes curtos, por isso Gricelda olhava, repetidamente, para o muro e para o céu. E a *Parda* observava aquela cena como se visse a origem cósmica de um erro, e pensava que era imprescindível antecipar-se ao futuro: a um

Uruguai onde a Frente Ampla pudesse governar, uma opção para aquela gente comum que não queria pegar em armas, mas queria participar da política.

Como alcançar essas pessoas? Deitada em seu beliche, a *Parda* pensava na relação entre o aparelho armado e as massas, e lia Lênin, Rosa Luxemburgo, Mikhail Bakunin. Era permitido receber livros de política na cadeia, desde que os autores estivessem mortos, então ela estava lendo mortos quando começou a notar, ao longe, que algo especialmente vital estava acontecendo na prisão. Havia detentas que se trancavam na cozinha de madrugada. E também nessas horas ouvia-se uma batida abafada, como de mãos espalmadas contra uma cadeira.

Uma noite, a *Parda* se levantou e chamou sua companheira de beliche.

– *Che*, essas garotas estão dando um sinal.

– Para de sacanagem, elas devem estar jogando alguma coisa...

– É um sinal para baixo, para os esgotos.

– Me deixa dormir, *Parda*.

Mas ela não estava errada.

Abaixo estavam os companheiros, efetivamente, cavando.

6.

Juan Carlos Domingo Trujillo nunca tinha construído um túnel. Filho de um trabalhador de frigorífico e de uma profissional da saúde, ele entrou no MLN aos 19 anos, tendo como única referência dois empregos. Enquanto estudava serviço social, foi operário em uma fábrica de vidro e passou por uma loja de toldos. E essa experiência bastou para que ele fosse convocado, na Coluna 15, para uma tarefa que o acabaria afetando emocionalmente: teria que cavar um duto e viver por dez dias nos canos.

Ele só tomou conhecimento da missão quando já estava lá embaixo. Até aquele momento, cada ação – como sempre nesses casos – tinha sido tratada de forma compartimentada. Cada área tinha um responsável com pessoas sob sua supervisão, mas essas pessoas não conheciam companheiros de outro setor. Trujillo não sabia que os seguintes nomes estavam no topo nem quais eram suas responsabilidades: Henry Engler, da direção do MLN, havia escolhido e alugado a casa próximo à tubulação de esgoto, casa que serviria de fachada, ou seja: o local – camuflado de residência familiar – de onde se começaria a construção do túnel que iria até a rede de esgoto. Mauricio Rosencof, também da direção, vinha cuidando, entre outras coisas, da costura política: tinha se reunido com Leonel Seregni, fundador e candidato da Frente Ampla, para avisá-lo de que no período pré-eleitoral não haveria ações problemáticas, salvo duas exceções: as fugas de Cabildo e de Punta Carretas. Juan Rosendo Faccinelli – que seria lembrado por seu nome de guerra, Enrique – era o responsável por todo o processo de escavação e era mestre na construção de *berretines*: esconderijos para armas ou pessoas ocultos debaixo do chão ou atrás de uma parede dupla. Aurelio Fernández, estudante de medicina e responsável pelo grupo de ação que protegia a casa, deveria ter os veículos prontos para transportarem as companheiras assim que elas saíssem, além de saber onde deixar cada uma delas. E Gabriel Schroeder, outro estudante de medicina, era quem organizava a parte operacional nos esgotos e estava atento a eventuais imprevistos.

Abaixo deles, todo o resto era tropa. Lá estava Trujillo.

Numa madrugada de meados de julho de 1971, ele foi vendado e colocado num carro. O automóvel deu várias voltas até entrar na garagem de uma casa no bairro de Villa Muñoz, a dez quarteirões da prisão de Cabildo. Fazia um frio de rachar – era pleno inverno –, mas Trujillo suava. Ele não sabia onde estava. Depois lhe diriam que o local ficava perto do cruzamento das ruas Nueva Palmira e Democracia. Assim que seu capuz foi retirado, ele se adaptou nervosamente à única informação disponível. Em um dos cômodos da casa, colado à calçada e a um pátio, havia um piso de madeira que se abria e levava a um cubículo.

– Desce – ouviu Trujillo.

Quem falava com ele era Enrique, o coordenador da escavação. Os dois desceram. Enrique fechou a tampa por baixo. Estava escuro lá dentro. O *berretín* media cinco metros quadrados e pouco mais de um metro de altura, e tinha paredes de cimento que exalavam um material úmido e viscoso. Trujillo se curvou e tentou ajustar os olhos à penumbra. Passaria os dez dias seguintes ali, junto com sete companheiros que – ele começou a vê-los – já estavam lá. Todos faziam parte de uma cadeia de tarefas que vinha sendo construída desde o final de fevereiro, quando o plano da fuga fora iniciado.

Algum tempo antes, Juan Almirati, engenheiro, e Raúl Bidegain Greising – que escapara da prisão recentemente – tinham estudado os esgotos e feito cálculos de perfuração. Depois, um grupo havia construído o *berretín* e outra comissão tinha feito o primeiro túnel, de 14 metros, que ligava a casa ao sistema de esgotos da cidade. A terceira equipe, a de Trujillo, deveria então percorrer a pé os dez quarteirões de fossa até ficar, no subsolo, de frente para o presídio. Ali, embaixo da rua Acevedo Díaz – uma das que delimitavam a prisão –, teriam de começar a cavar. Trujillo e seus companheiros perfurariam o solo e construiriam um segundo túnel, que uniria os sumidouros às fundações do presídio, mais precisamente a quatro lajotas que ficavam no dormitório pequeno do pavilhão das presas políticas.

– Vem que eu te mostro – disse Enrique.

Ele abriu uma tampa de cimento de onde saía um túnel estreito, cavado por eles, que descia até uma câmara. Rastejaram até lá e se acomodaram num espaço minúsculo. Em uma das paredes havia uma comporta.

Enrique segurou as alças com seus dedos grossos e a abriu com um puxão. Do outro lado estava a tubulação de esgoto. Eles entraram no buraco e fecharam a comporta. Do lado de fora – da perspectiva dos canos – era difícil detectar que havia ali a entrada de uma passagem. A janela estava disfarçada de tal forma que acompanhava a curvatura dos dutos, para que, caso houvesse uma inspeção militar, nenhum bombeiro ou policial visse aquela abertura secreta.

Caminharam por dez quarteirões pelos esgotos. Trujillo sentiu pela primeira vez o cheiro da imundície misturado ao vapor ensaboado da água drenada pelos ralos das casas. Finalmente chegaram a uma nova comporta, que, assim como a anterior, dava para outra câmara e para o início de um segundo túnel. Quando concluído, esse duto ligaria a rede de esgotos ao piso do setor San José.

– Aqui você vai ter que dar duro – disse Enrique a Trujillo. – Mas não precisa exagerar. Se ficar lá por mais de 20 minutos poderá ter anoxia.

– O quê?

– Você vai ficar sem oxigênio.

– E aí?

– Aí você está fodido, irmão. Te bate um sono pesado, e se ninguém te avisar que você está dormindo você pode passar pro lado de lá. Você vai entrar sempre com uma corda amarrada no pé e com um companheiro do lado de fora medindo o tempo. Quando os 20 minutos acabarem, se você não tiver se cansado antes, vai sentir alguém puxando o seu pé.

Trujillo teria de cavar 18 metros de túnel em 10 dias. Só poderia sair eventualmente para ir ao banheiro ou tomar uma chuveirada, mas o resto da vida deveria transcorrer em sigilo e debaixo da terra. As escavações não seriam feitas com picareta e pá – não podiam fazer barulho –, mas com cinzel e chaves de fenda. E o descanso ocorreria em turnos: enquanto uma equipe de quatro cavava, outra equipe esperava no *berretín*, mas sem subir à superfície. Em cima, encenava-se a aparente rotina de um casal de militantes legais que se prestava a servir de fachada. Enquanto uma televisão ficava ligada na hora do jantar na casa, embaixo havia um punhado de homens indo e vindo pelos canos, e perfurando o barro que logo seria drenado pelo próprio fluxo do esgoto.

– Entendido? – perguntou Enrique.

– Entendido.

De volta ao porão, Trujillo recebeu seu macacão, sua máscara e suas ferramentas. Precisava começar naquele mesmo dia. Horas depois já estava cavando. Cavava suavemente e em silêncio, como se seu trabalho não fosse uma questão de força, mas de convencimento. O risco de serem descobertos era alto. A guarda estava em cima, sobre suas cabeças: podiam sentir as botas do Exército pisoteando as tampas do bueiro no ar gelado do inverno. Tinham de ser cautelosos. De vez em quando, os milicos faziam simulações de emergência, levantavam as tampas dos bueiros e jogavam granadas de gás. Ou desciam por escadas que ligavam a rua ao esgoto e ficavam olhando. Ou faziam cocô.

Trujillo nunca se acostumou com sua tarefa. Ninguém conseguiu. Deitados de lado ou com o peito encostado no chão, com falta de ar, com o pescoço tensionado e uma lanterna na cabeça, passadas as primeiras jornadas eles começaram a se cansar. Enrique estava ciente do cansaço. Todos os dias ele se reunia com a equipe e tinha a mesma troca: os companheiros reclamavam e ele, depois de escutar pacientemente, ficava de pé e dizia:

– Já que ninguém tem nenhuma reclamação, eu me retiro.

E a tarefa continuava.

Os escavadores faziam cocô em latas, nos canos ou, muito eventualmente, na casa. Caminhavam com água até os tornozelos. Conviviam com baratas entrando pelas pernas dos macacões. Sufocavam-se com as máscaras, mas também corriam risco de sufocamento sem elas: embora o ar circulasse, havia gás metano exalado pela matéria orgânica em decomposição, e poderiam morrer se respirassem demais.

Trujillo não sabia de ninguém que tivesse tido um final tão ruim, mas a boa ventilação nos esgotos era um ótimo sinal, embora aquelas máscaras fossem um presságio. Elas eram assustadoras. Trujillo chegou a sentir medo e se forçou a pensar no que estava acima daquele confinamento: uma causa, um destino existencial, que já não era mais uma questão de política, mas de vida, de amor e de futuro. Trujillo não era pai. Seria mais tarde, e isso faria diferença: ele deixaria de guardar armas em casa, construiria o futuro a partir de outra forma de presente. Mas agora não havia filhos: apenas um ardor e uma iminência os mantinham em movimento.

Enquanto cavava ou tentava descansar debaixo da terra, Trujillo pensava na revolução – em estar a serviço dela de corpo e alma – para não entrar em pânico e sair correndo para a superfície. Em poucas oportunidades, ele e seus companheiros subiram até a casa: às vezes para tomar banho; outras – excepcionalmente – para saborear um guisado com vinho preparado pelo companheiro da fachada e que eles aceitaram com culpa, porque o álcool era proibido durante as operações. A chance de subir dependia sobretudo do estado de alerta: se havia muito patrulhamento, eles permaneciam embaixo. E se o alerta fosse alto demais, o plano teria de ser abortado imediatamente.

Isso aconteceu duas vezes. A primeira foi antes da entrada de Trujillo, quando alguns tupamaros envolvidos no plano da fuga foram capturados. Aí os esgotos foram evacuados, e a casa, temporariamente fechada, até se saber que os detidos não tinham cantado. E a segunda foi por um evento natural: choveu demais. O dilúvio foi tão intenso que a água transbordou das ruas e tubulações, e a capacidade subterrânea se aproximou perigosamente do limite. Trujillo e seus companheiros estavam trabalhando num nível alto e seguro, mas se quisessem voltar para o *berretín* teriam de descer até uma depressão e avançar dez quarteirões com água na altura do peito. Se fossem arrastados pela corrente, poderiam se afogar ou cair em um cano maior que acabaria por cuspi-los no rio, à vista de todos. De toda forma, não havia opção: se permanecessem no alto, corriam o risco de a água continuar a subir e já não haveria como escapar.

Trujillo desceu para poder sair. Entrou na corrente e se debateu entre ratos e baratas fugindo em disparada. O subsolo era um redemoinho imundo, a condensação de um nojo que ficaria sedimentado em sua memória. Trujillo lembraria daquela corredeira para sempre. A água era forte como um touro e o estava levando. Trujillo resistiu até sentir que não tinha mais forças, e então pensou, pela primeira vez, que aquele era o fim e que era um dos piores: morreria afogado na merda dos outros.

Mas ele estava errado. O braço de Enrique apareceu do nada e o enlaçou como uma boleadeira lançada aos pés de um animal selvagem. Antes que pudesse perceber, Trujillo estava a salvo.

Quando a tempestade passou, sem intervalo para voltar mentalmente a um estado de calma, ele teve que retomar o trabalho. Trujillo estava em choque, mas, ao mesmo tempo, sentia mais coragem: sobreviver é triunfar, pensou. Se ele tinha se salvado daquilo, poderia superar qualquer coisa.

Uma semana depois, ele já estava cavando exatamente embaixo da prisão. Precisavam fazer um túnel com 1 metro e 20 centímetros de altura e cerca de 80 centímetros de largura, pelo qual se pudesse rastejar sem o risco de o teto ceder ou de o chão levantar devido à pressão lateral. Já não se ouviam mais as pisadas das botas do

Exército, mas a agitação cúmplice de algumas internas que empurravam móveis, batiam panelas de cozinha, encenavam peças de teatro, jogavam vôlei, falavam em voz alta, aumentavam o volume do rádio e tocavam violão à tarde. Quando a noite caía, elas ficavam estudando para fazer barulho e, de vez em quando, iam ao banheiro para esvaziar a cisterna: a descarga de água ajudava a remover a terra acumulada no túnel durante a escavação. As ações eram executadas sem exageros. Tinham de disfarçar na frente da guarda feminina e das próprias companheiras do pavilhão, que, em sua maioria, não sabiam da fuga.

A *Parda* era uma delas. Mas estava começando a suspeitar. Não eram só as reuniões na cozinha em horas estranhas, nem as batidas suaves e secas que, pensou ela, provavelmente tinham o intuito de dar coordenadas espaciais e evitar que o túnel seguisse na direção errada. Havia também outro dado: um mês antes, ela notara que, em pleno inverno, com o frio úmido de maio, as tupas estavam fazendo saias. E, para completar, numa tarde ela se reuniu com as companheiras anarquistas e as da FRT num beliche do quarto pequeno – às vezes, por falta de espaço, elas trocavam de lugar para estudar ou debater – e uma delas tinha encontrado um pedaço de papel.

– Olha isso.

Dizia: "nós/ outras organizações". E embaixo do "nós" havia uma lista de apelidos encabeçada pelo de Alicia Rey Morales e seguida pelos de Graciela Jorge e Yessie Macchi. A *Parda*, que tinha estado no MLN, sabia a quem correspondia cada nome de guerra e percebeu que a escalação seguia uma hierarquia.

– Vou falar com a direção – disse. – E vou dizer que encontramos esse papelzinho, que tenho certeza de que é uma fuga e que vai ser pelo esgoto. E que a única coisa que peço é que me avisem meia hora antes porque eu também vou embora, já que o esgoto é de todas.

A *Parda* estava furiosa. E com muita pressa. Se uma fuga de mulheres estava prestes a acontecer, era óbvio que depois viria uma fuga de homens. Mais um motivo para ela acomodar suas ideias a fim de discutir, em liberdade e com seus companheiros, o futuro do movimento. Ela saiu da cama e pediu uma reunião com Graciela, Yessie e Alicia. As três concordaram. Reuniram-se no refeitório e se sentaram. A *Parda* respirou fundo e falou em voz baixa.

– Lembrem-se de que sou velha na organização e conheço vocês – disse. Ser velha, naquela época, era ter, como a *Parda*, 27 anos. Com exceção das tupamaras Raquel Dupont e Alicia Rey, e de algumas anarquistas e comunistas – todas mais velhas –, o resto tinha no máximo 25 anos.

A *Parda* olhou para as garotas. Yessie cruzou as pernas.

– Lembrem-se também de que já fugi deste lugar e que conheço os esgotos, porque montei aquele mapa inteiro lá embaixo com outros companheiros.

Yessie mexia a perna de cima de maneira sincopada, como se fosse um martelo trabalhando no ar.

– Esse conhecimento básico, mais esta lista – a *Parda* estendeu o papel – e mais o que observei me fazem pensar que vocês vão fugir pelo esgoto num túnel feito de fora para dentro e que certamente vai sair pelo quarto pequeno, que é mais fácil, porque no grande tem muita gente.

Yessie ficou petrificada com a perna no ar. Graciela fechou as comportas com os olhos: seu olhar ficou opaco. E Alicia, um animal político, falou com uma naturalidade forçada.

– Bem, ouvimos seu ponto.

A *Parda* continuou.

– Aqui não sei o que são "outras organizações", é um termo bastante vago. Talvez se refiram às anarquistas ou às mulheres das Faro; não está claro para mim se nós da FRT estamos incluídas – ela se dirigiu a Alicia. – Mas aviso que vou com vocês.

Silêncio. Alicia, Graciela e Yessie evitaram se olhar.

– Muito bem – respondeu Alicia –, vamos conversar sobre isso que você propôs. Não vamos responder nada agora, muito obrigada.

A reunião foi dada por encerrada e a *Parda* foi embora. Mas no dia seguinte ela foi convocada pela direção junto com o restante das presas políticas que não eram tupamaras.

– Nós vamos fugir – disse Alicia. – Vai ser pelo esgoto e vocês estão convidadas. Pedimos apenas que digam se querem ou não e, daí em diante, permaneçam sob a nossa ordem militar.

Estavam dizendo que a operação era do MLN. Um dado que, naquelas circunstâncias, não fazia a menor diferença para a *Parda*.
– Pronto – disse.
– Além disso, pedimos discrição. Poucas companheiras estão sabendo.
A *Parda* assentiu lentamente com a cabeça, como se satisfizesse um capricho.
– Sim... – respondeu.
Não foi a única a olhar para a direção com aqueles olhos, pacientes e irritados.

7.

"Essas idiotas", pensava Mirtha Fernández Pucurull toda vez que olhava para as mulheres da direção. Não as suportava. Ela considerava muitas coisas insuportáveis ali dentro. A comida. As ordens. A umidade que congelava seus pulmões. A obrigação de participar de atividades o tempo todo. O passado: seu companheiro havia morrido. A presença das crianças: havia mães que as recebiam nos dias de visita e Mirtha não conseguia ouvir suas vozes sem ser tomada pela angústia. Um dia começaram a dizer que ela estava agressiva. Era verdade. Estava farta até mesmo dos advogados. Recentemente tinha mandado a sua para o inferno. Depois se arrependeu. A mulher era competente, mas na última visita havia dito uma estupidez:

– Talvez, com uma nova apelação, eu consiga fazer com que reduzam a sua pena ao mínimo. Mas isso depende de um milagre.

"Milagre"? A palavra era desprezível. Toda aquela vida de confinamento a enervava. Estava farta, sobretudo, "das estratégicas", as da direção. As idiotas. Quem elas pensavam que eram. A verdadeira origem proletária era a que vinha das colunas do interior: a que tinha nascido no campo físico – não no intelectual –, a que brotava do Sendic puro, da picareta e da pá.

Em Cabildo, Xenia Itté – a quarta mulher de *Bebe* Sendic –, Chela Fontoura e Mirtha tinham essa origem. Mirtha tinha passado a infância numa fazenda de Bella

Unión – província de Artigas, perto da fronteira com o Brasil – que ficava debaixo d'água quando o rio Uruguai transbordava. Mirtha cresceu entre uma enchente e outra, tomando o pulso do povoado. Bella Unión tinha a personalidade sinuosa dos territórios limítrofes. Com a instalação das empresas açucareiras, a vida produtiva passou a se articular em torno da cana-de-açúcar. Os cortadores de cana vieram de outras regiões e caíram na lógica típica dos feudos latino-americanos: eram pagos com vales que só podiam ser trocados por produtos nos armazéns das empresas dos latifundiários.

Mirtha cresceu nesse mundo, até que aos 18 anos, no começo da década de 1960, duas coisas aconteceram: ela viu *Bebe* Sendic chegar e organizar os *cañeros*. E se casou com um homem agressor.

Órfã de pai e filha de uma mãe sofredora, Mirtha aguentou essas condições por pouco tempo. Mudou-se com o marido para Salto – ao sul de Artigas, no oeste uruguaio –, mas uma semana depois, arrependida do casamento, deu entrada no pedido de divórcio. Enquanto a papelada avançava, ela entrou num curso noturno e concluiu o secundário junto com outros trabalhadores. E quando o divórcio saiu, com o mínimo dinheiro conjugal no bolso, foi embora, aconselhada pelo próprio advogado, para o mais longe possível do homem violento. O destino foi Montevidéu. Um pequeno apartamento que alugou com uma amiga de Bella Unión.

Essa residência tinha uma vizinha. Era América García. Mirtha ainda não sabia, mas América já fazia parte do primeiro grupo de clandestinos do MLN.

– Queria te avisar que vai vir um tio meu de fora, por isso você vai ver um cara na minha casa – disse América a Mirtha uma noite. Mas quando o tio chegou, Mirtha reconheceu *Bebe* Sendic – que não a conhecia – e compreendeu que seu mundo e o de América eram semelhantes.

Naquela época, meados dos anos 1960, Mirtha estudava história e dava aulas numa escola secundária na periferia de Montevidéu, frequentada por filhos de pais desempregados após o fechamento das fábricas, típico contexto do período de crise que o Uruguai atravessava. Diante dessa realidade, Mirtha analisou em qual linha ideológica deveria se enquadrar. Os anarquistas não a satisfaziam e os comunistas também não – em Salto, num baile do PC, tentaram convencê-la a se filiar ao partido para mandá-la à União Soviética, e ela não tinha gostado disso –, por isso acabou entrando no MLN. Não foi sozinha. Entrou com seu companheiro, Fernán Pucurull, bibliotecário e cinco anos mais novo, a quem *Bebe* Sendic acabaria apelidando de "pequeno *Che* Guevara".

Mirtha confiava mais em Fernán que em si mesma. Estava convencida de que ele era mais valioso do que ela como militante e priorizou sua formação, enquanto ela, grávida, dava aulas e ganhava um extra limpando casas de amigas.

Chegada a hora, Mirtha pensou que a construção política de Fernán exigia dar mais um passo:

– Vamos voltar para Bella Unión. Você precisa conhecer os *cañeros*.

Fernán aceitou. Foram para o interior com a missão – dada pelo MLN – de criar vínculos entre estudantes, *cañeros* e pequenos proprietários que tinham chácaras das quais tiravam apenas o suficiente para sobreviver. Naquele ambiente rural, Fernán se tornou um dos poucos estudantes "peludizados", enquanto Mirtha alternava o trabalho no campo com o contrabando de arroz do Brasil – lá sempre tinha sido mais barato – e a venda de livros.

Com todas essas atividades, sobretudo as rurais, Mirtha perdeu duas gestações. A que estava no início quando eles se mudaram e a outra, que terminou de modo sangrento depois de cinco meses. No hospital – onde chegou com perda gestacional –, um médico a fez sair da maca sem levar em conta que ela estava em meio a um aborto espontâneo. Atordoada e fora de si, Mirtha se levantou e expulsou e chutou o feto num único movimento.

Vazia em mais de um sentido, ela logo voltou para o cantão.

Tudo era duro e dramático naquela terra. Sempre que em Montevidéu queriam punir um estudante da Coluna 15, mandavam-no para lá. Os garotos chegavam a Bella Unión e olhavam para os *cañeros* como quem olha para um inseto atrás do vidro. Mirtha – conhecida por seu nome de guerra: Malena – observava-os com sarcasmo. "Essa gente militou onde? Nos cafés?", pensava ela no campo e também em Cabildo, enquanto espiava suas companheiras e se lembrava dos sete hectares onde trabalhara até a exaustão, cavando *berretines* e dormindo pouco.

A militância urbana era, para Mirtha, tão confortável quanto uma loja de colchões. Quando viu a profusão de atividades organizadas em Cabildo – oficinas, esportes, grupos de debate –, convenceu-se de que aqueles entretenimentos eram uma expressão fútil e optou por dormir. Ler e dormir no quarto – o pequeno – que dividia com Teresa Labrocca, Raquel Dupont e Gricelda Borges. Muitas a criticaram por isso, mas Mirtha não se importou. Ela estava mais interessada nos sonhos e nas teorias criadas em torno deles do que em conversas inúteis. Nenhuma dessas teorias a convencia completamente. E menos ainda a de Sigmund Freud, um desorientado que se referia às mulheres como "continente obscuro", bah: ao saber disso, ela o descartou.

Mirtha tinha um sonho recorrente: escapava da prisão, mas, ao chegar à rua, dava meia-volta, entrava em um curral parecido com o do gado que vai para o abate e chegava ao pavilhão exausta, como se tivesse cavado um poço. Ela tinha ouvido que os sonhos se realizavam se fossem agradáveis e coloridos, mas os dela eram sempre cinza-escuros. Seja como for, ela preferia aqueles sonhos a estar acordada e ter de lidar com as idiotas e suas revoluções de salão.

Quando os intelectuais chegavam ao campo, Mirtha tinha mais trabalho, porque precisava cozinhar para mais gente. Mas ao mesmo tempo, ficava fascinada observando o contraste entre a população urbana e o mundo dos canaviais, com seus trabalhadoresandorinhas que migravam do Brasil para cortar cana. Sendic havia mirado neles no começo do MLN e, com eles, tinha organizado a famosa marcha que saiu de Bella Unión e chegou a Montevidéu. Mirtha tinha participado dessa façanha junto com seus companheiros de escola e de campo, e também com Xenia Itté e Chela Fontoura. No dia da chegada à cidade, os comerciantes baixaram as portas de suas lojas, mas a classe média de esquerda ficou encantada com aquilo que nunca tinha visto: os *peludos* com suas peles castigadas pela intempérie.

"Lá eles conheceram outro Uruguai, porque as companheiras, sempre que saíam de Montevidéu, iam para o leste", pensava Mirtha em Cabildo. Com exceção de Xenia, Chela e ela, o resto, pensou Mirtha, tinha facilidade com a palavra, mas sabia pouco sobre o interior. E estava nos postos mais altos porque tinha aceitado ocupar o papel atribuído às mulheres no movimento: dar cobertura fazendo carinha de boa moça. Permitir-se ser punida e ignorada. Ser servil à organização. Subir quando formava um casal com um quadro alto e subir mais ainda se esse quadro morresse em combate.

Idiotas, idiotas, idiotas. Não sabiam nem segurar uma arma. Alguém precisava explicar a elas como fazer para não dar um tiro no próprio pé. A ela, porém, ninguém havia ensinado a atirar: ela sabia. Tinha aprendido no campo, quando seu pai a fazia se perder entre os matagais para ver se conseguia se orientar sozinha e voltar para casa. Foi Mirtha quem ensinou Fernán a atirar. Embora isso não tenha sido suficiente para ele salvar sua pele. Fernán morreu no dia 30 de maio de 1970 numa ratoeira. Tinha chegado à chácara para avisar a seus companheiros que eles corriam perigo, mas a polícia já estava lá dentro e estourou seu pescoço com um tiro traiçoeiro pelas costas. De certo modo, pensou Mirtha, era um final anunciado: o MLN vinha crescendo de forma descontrolada, e isso o levou a fracassar em muitas de suas ações. O maior desastre tinha sido a Tomada de Pando, em que Fernán fora baleado por engano por uma companheira e tinha sobrevivido por um milagre.

Mirtha nunca entendeu como se construiu esse mito heroico em torno de Pando: um verdadeiro desastre que certamente tinha sido ampliado e melhorado pelos jornais de direita que queriam mostrar o MLN como um movimento mais sólido e ameaçador do que realmente era. Qualquer um que estivesse lá teria visto que Pando era um disparate, uma representação perfeita e dolorosa da precariedade do MLN. De como todos eles estavam sozinhos. Mirtha lembrou-se de quando roubou um carro com Yessie e o dono do veículo disse a Yessie, que estava ao volante, "senhorita, passe pelo menos a segunda, porque você está de primeira e vai quebrar o carro". Lembrou-se da vez que engoliu um dente e o *Velho* Marenales a avisou que não poderia ir ao dentista.

– Deixa comigo que eu resolvo – dissera Marenales. E um tempo depois chegou com dois pacotes de fubá:

– Coma essa polenta e vá ao banheiro.

Mirtha obedeceu. Fez cocô. Vasculhou seus excrementos, sem sorte. Marenales costumava dizer que o romantismo, do ponto de vista político, servia para aproximar as pessoas da revolução, mas que depois era preciso jogá-lo no lixo, porque a revolução é cruel. Essa cena provava isso.

– Deixa comigo – continuou Marenales. E revirou o cocô até cansar.

O dente nunca apareceu.

Mirtha se lembrava desse e de muitos outros episódios que denotavam determinação e precariedade, anunciando, mais cedo ou mais tarde, uma queda retumbante.

No caso de Mirtha, o princípio do fim foi duplo e começou com o assassinato de Fernán. Mirtha não teve tempo de pensar que o mundo estava se apagando. Precisava se salvar. Durou cinco meses em liberdade. Se fez passar por estudante – ela não estudava mais – e morava com uma senhora idosa – parente de um militante legal. Mirtha a levava para passear na rua em uma cadeira de rodas e com óculos escuros, fingindo que ela era sua avó. As velhas eram como as crianças e as mulheres: atenuavam a paranoia da polícia. Além disso, a imagem que Mirtha queria passar para o zelador do prédio – um porteiro excessivamente observador – era a de que era filha de fazendeiros, por isso, além de usar uma velha, ela usava um jipe e um carro último modelo – alugado –, com o qual entrava e saía. Até que um dia o carro parou a 50 metros da entrada e a idosa, apressada porque queria ver uma novela, levantou-se da cadeira e saiu andando.

Não houve como justificar aquela cena para o zelador, então Mirtha teve que se mudar. Foram dias tensos. Dan Mitrione – o funcionário de origem estadunidense que viria a ser executado – acabara de ser sequestrado e as forças de segurança estavam patrulhando, ansiosas para capturar tupamaros. Mirtha foi morar com uma senhora "de verdade", sua mãe – vinda do interior –, no apartamento de Raquel Dupont, onde já estavam hospedados outros tantos.

– Eu conheço você dos jornais... Com essa cara de abobalhado você é Raúl Sendic – disse a mãe de Mirtha uma noite, enquanto todos assistiam juntos à televisão.

Sendic disse que não e saiu discretamente da sala. Mas outra companheira – Yenny Itté, irmã de Xenia Itté e grávida de Sendic – olhou para Mirtha e disse baixinho.

– Male – ela chamava Mirtha por seu nome de guerra –, o vizinho também me disse "eu já vi esse homem".

Não está claro o que aconteceu com Sendic imediatamente depois. Mas sabe-se que o clima, que caminhava para a famosa queda de Almería, começou a pesar. Um dia, Mirtha viu um homem fumando na rua apesar do mau tempo – estava úmido e frio – e soube que aquele sinal antecedia alguma coisa.

– Yenny – disse Mirtha assim que entrou em casa –, leva a mamãe embora que, se a gente não cair hoje, cai amanhã.

Ela estava certa. Mirtha foi capturada um dia após a queda de Almería. Acabou na chefatura junto com outros companheiros, entre eles Raquel Dupont, *Bebe* Sendic e Graciela Jorge. Durante os interrogatórios,

Mirtha foi a única a desenvolver uma estratégia imprevista.

– Fizeram uma cura do sono em mim, eu não me lembro de nada – disse, com os olhos fechados. – Só sei que me tiraram de um carro.

– Que carro?

– Aqueles carros franceses do tamanho de uma barata.

Mirtha estava babando. Os policiais se entreolharam.

– Esta daqui não tem nada a ver com isso, é um estorvo pra gente – disseram.

Mas quando estavam prestes a soltá-la, um tupamaro caiu e cantou seu nome. Então, horas depois, uma nova presença chegou à sala.

– Olha, senhora, faz 11 anos que eu trabalho aqui e ninguém nunca conseguiu me enganar.

Não era o comissário Otero, porque Otero estava na polícia há mais de 11 anos e porque já tinha sido afastado do seu cargo. Mirtha nunca soube quem estava falando com ela, mas por via das dúvidas manteve os olhos fechados e parou de babar.

– E deixa eu te dizer uma coisa – ouviu. – Eu respeito o inimigo quando ele se comporta assim. Mas quando for ao tribunal, tente inventar uma boa história, porque já sabemos tudo sobre você.

Mirtha foi processada com um pedido de pena de 15 a 30 anos. Não só pelas acusações que pesavam contra ela – associação criminosa e crime de sangue, entre outras –, mas também pela sua relação conjugal com Fernán Pucurull, que, antes de ser assassinado, despontava como um membro do alto escalão do movimento.

Mirtha entrou em Cabildo junto com Raquel Dupont e Graciela Jorge. Até aquele momento, havia pouco mais de dez presas: algumas *palomas* que tinham caído de novo e três mulheres recentemente ingressadas – Graciela e Alicia entre elas –, que exalavam um ar conspiratório o qual Mirtha rechaçou no ato.

Poucos dias depois, Graciela a abordou. Era magra e baixa, movia-se lentamente, mas andava como se tivesse o dom do comando nos pés.

– *Bebe* me mandou uma mensagem – disse ela a Mirtha. – Ele disse que "tem uma companheira que é uma militante antiga, da base, mas se colocou atrás do parceiro".

Mirtha sabia que aquilo era verdade e que fazia sentido: Fernán reunia mais qualidades do que ela para crescer dentro do movimento. No entanto, foi Mirtha quem o levou para o MLN e quem, com esse gesto, tornou-se a única mulher a inserir um homem na organização.

– Não é que eu tenha me colocado atrás: eles é que te colocam – replicou Mirtha. – É a vida.

No caso de Mirtha e Fernán era também o amor. E esse era um sentimento sério no MLN. Todas as liberdades do movimento hippie e do Maio francês eram fogos de artifício do universo burguês. Na esquerda, o amor era uma das tantas formas de medir a ética revolucionária. Era bem-visto acompanhar um parceiro e, até mesmo, deixar-se ofuscar por ele se isso ajudasse a organização. E era muitíssimo malvisto enganá-lo. Se um dos dois ia preso, entendia-se que aquele que estava livre – sob a incerteza do futuro, sem saber quando chegaria a liberdade ou a morte – poderia estar com outra pessoa desde que anunciasse isso antes. Foi isso que Edda Fabbri teve que fazer: aquela garota obediente que – Mirtha a tinha observado – estava na cadeia desde o final de junho de 1971. Quando ela estava do lado de fora, José Nieto, o amor de Edda, caíra preso e, nessas circunstâncias, Edda sentiu atração por outro companheiro e teve de fazer o que era apropriado nesses casos: escrever a carta.

Todos que estavam na prisão esperavam por isso: "a carta". A certidão de óbito do amor. A voz do companheiro ou companheira, lá fora, falando da revolução e explicando, enfim, que havia se envolvido com outra pessoa. Edda tinha mandado a carta para Nieto numa seda de enrolar cigarro, através de seu pai – o dela –, que era advogado e defendia vários presos políticos. E Nieto tinha devolvido a resposta perfeita: disse que ela era seu amor e que deveria fazer o que quisesse.

Edda obedeceu. Começou a sair com o segundo sem imaginar que cairiam juntos. Agora ela estava em Cabildo e seus dois amores em Punta Carretas. Que bela confusão estava se formando. E justo na esquerda, que havia feito da ordem – a interna – um princípio quase religioso. É por isso que o outro tema, o das mulheres – as lésbicas, pensou Mirtha –, devia incomodar tanto. Isso era o contrário da ordem. Era o contrário de tudo.

Pouco depois de chegar, ela tinha sido abordada por uma das estratégicas em tom de advertência.

– Você sabe que aquelas duas são homossexuais, né? – tinha dito, apontando discretamente para duas mulheres que estavam num canto da sala. Elas estavam lendo juntas, deitadas na mesma cama. E às vezes, quando queriam ler até tarde, faziam como muitas lá dentro: cobriam-se com uma manta e acendiam uma luz por baixo.

– O quê?

– Que elas têm relações.

Mirtha deu de ombros. A homossexualidade era muito malvista no MLN. De fato, durante o sequestro do empresário Ulysses Pereira Reverbel, eles tinham debochado do preso por sua orientação sexual, chamando-o de "periquita", "Madalena arrependida", "bicha" e "velha raivosa à beira de um ataque de nervos". Toda a sexualidade estava atravessada pelos tabus da época. Meses depois, quando Mirtha estivesse fora da prisão dividindo um *berretín* com outros companheiros – entre eles *Pepe* Mujica –, falariam de um livro sobre sexualidade que alguém tinha lido, se diria a palavra "clitóris" e poucos saberiam onde aquela coisa ficava. Mirtha, casada, divorciada, casada de novo e viúva, tinha – como os demais – conhecimentos sexuais rudimentares. Uma vez, na Faculdade de Belas Artes, tinha ouvido que existiam as chamadas "sapatas", e na escola de Bella Unión tinha conhecido um homossexual que era chamado de "o puto". Fim do assunto.

Por isso, quando lhe falaram das homossexuais não soube o que dizer.
– Veja só – respondeu.
E teve dúvidas quanto ao futuro das duas companheiras. Uma delas era um quadro experiente do movimento: nascida no interior, tinha tido uma filha com um tupamaro e feito de sua orientação sexual um exercício de comedimento e silêncio, sobre a qual não falaria nem mesmo com amigas próximas, entre elas América García. A outra, também da organização, era filha de um militar e tinha tido a força de caráter para se reinventar em mais de um sentido. Mas não tinha credenciais para compensar o que, dentro do movimento, era entendido como "desvio". Talvez seja por isso que, silenciosamente, elas se relacionavam mais com as anarcas: o anarquismo falava de amor livre em termos amplos e, além do mais, ali estava América: não apenas anarquista, mas também crítica e dissidente do MLN.
A conversão de América tinha sido curiosa. Como ela era boa em fabricar explosivos – tinha aprendido no grupo Tacuara, assim como a *Parda* –, no final dos anos 1960, alguns anarquistas pediram que ela lhes desse algumas aulas. Precisavam montar granadas vietnamitas para uma ação de apoio a um sindicato e pensaram que América poderia transmitir seus conhecimentos. Tanto ela quanto seu parceiro, Hébert Mejías Collazo, disseram que não havia problema, mas que consultariam primeiro a direção do MLN. Quando o fizeram, a resposta foi negativa: consideraram que aquilo era perigoso. Então América escolheu sair do roteiro. Fazia

tempo que ela, assim como a *Parda*, vinha questionando a militarização do MLN e, além disso, estava lendo material anarquista e sentia que aquilo era um bom canal para suas ideias. Então optou por dar a instrução assim mesmo, mas avisar a *Ñato* Fernández Huidobro com antecedência.

O problema é que *Ñato* não compareceu ao encontro, então a instrução foi dada pelas costas do MLN. América e os anarquistas se reuniram num galpão e deram o azar de, justamente quando estavam no meio do trabalho, um dos filhos do dono se aproximar, escorregar, disparar uma faísca e gerar uma explosão que o fez voar pelos ares. O menino machucou apenas um dedo, Mejías Collazo, um olho, e América, parte do rosto, mas a notícia se espalhou. O MLN concluiu que América e Mejías Collazo estavam fazendo "entrismo" e tinham aderido ao OPR, o movimento anarquista.

Não houve explicação que os salvasse do cadafalso. No hospital de campanha, uma vez curados, sob o olhar gentil de Yessie Macchi e a careta de irritação de *Pepe* Mujica, *Ñato* se aproximou de América e Mejías Collazo.

– Seus companheiros estão vindo buscar vocês – disse referindo-se ao pessoal do OPR.

Foi assim que América entendeu que estava fora do MLN. E teve a confirmação quando caiu pela segunda vez em Cabildo, e em vez de ser recebida com o "Cielo de los tupamaros", a *copla* que cantavam toda vez que uma companheira chegava, ouviu "El gallo rojo, el gallo negro", uma canção espanhola com a qual davam as boas-vindas às anarquistas.

América tinha contado essa história várias vezes. E Mirtha, que ouvia tudo com os olhos fechados, pensou que tinha a sorte de estar protegida dos tribunais morais. Por ser viúva de Fernán, *Bebe* Sendic cuidava dela, escrevia-lhe cartas e lhe dava orientações por fora da direção feminina. Muitos conselhos envolviam leituras. Sendic lhe mandava livros de Mikhail Bakunin e Ernest Mandel e a guiava ideologicamente sob o olhar circunflexo de Violeta Setelich, a segunda ex-mulher de *Bebe*, que assistia a essas idas e vindas com compreensível suspeita – dado o passado de Sendic.

Mas Mirtha não ligava para esses ressentimentos. Ela não se importava com as intimidades psíquicas de ninguém na prisão. Mirtha dormia, lia ou fazia crochê quando tinha vontade. E se quisesse conversar, escolhia bem com quem se reunir. Havia as idiotas – a direção –, que viviam num estado conspiratório e tinham suas cachorrinhas, jovens que iam de um lado para o outro cumprindo suas ordens. Havia as homossexuais, que acordavam às 5 da manhã com outras companheiras para ler *O capital*. E havia as que não se alinhavam com ninguém e até resistiam com certo humor, como Xenia Itté, Rosa Rebollo – de Salto – e a *cañera* Chela Fontoura, gente grande que se entretinha como podia.

Mirtha, Xenia e Chela exploravam a fama de Macondo que Bella Unión tinha. Fizeram até um santuário. Algumas noites colocavam álcool num prato de metal e ateavam fogo, e Mirtha lia a mão das companheiras, que lhe pagavam com laranjas e cigarros; já Chela dançava e cantava em portunhol, como tinha visto nas macumbas do Brasil. Apesar de ser analfabeta – ou precisamente por isso –, Chela sabia como fazer para que as milicas a deixassem em paz: fingia ser bruxa. Chela era esperta.

Filha de pais *cañeros* e também analfabetos, ela havia estudado apenas até a quarta série da escola primária e, aos 14 anos, tinha começado a militar junto a Sendic na UTAA, o sindicato dos *cañeros*. Chela não se lembrava mais quando tinha entrado para a clandestinidade, mas estava claro que chegara a Montevidéu clandestina, com uma filhinha pequena que logo ficou sob a tutela de companheiros legais. Chela esteve livre e ativa até agosto de 1970, quando caiu numa operação a oeste de Montevidéu, num aparelho que funcionava como granja e onde ela vivia com outros militantes e um cachorro, Tobi. Quando as forças conjuntas chegaram – o Exército e a Polícia – bateram nas pernas de Chela enquanto Tobi pulava feito um alucinado tentando morder os agressores.

– Atirem nesse bicho! – gritou um deles. Mas outro oficial pediu para levá-lo para casa.

Os três militantes e o cachorro foram levados no carro da polícia. Uma vez na chefatura, Chela ouviu os latidos até que se fez silêncio. Nunca mais soube dele. Também não teve tempo de lembrar. Sentaram-na em frente a uma mesa, acenderam uma luz forte e a bombardearam com perguntas.

– De onde você é?

– Você está lá para lavar meias e cuecas, que cabeça política você pode ter, saber como as coisas funcionam...
– Como é que funcionam?
– Quem são os seus companheiros?
– Quem mais frequentava o aparelho?
– O que eles queriam fazer, quem te dava as ordens?
– Mas se você não fez nem o liceu... Você estava lá para limpar a sujeira de todo mundo...

Altiva, Chela apenas sorria. Ela sabia quem era para seus companheiros e sua gente. Torcia para que continuassem batendo apenas em seu moral. Permaneceu em silêncio. Foi levada até *Bebe* Sendic, recentemente caído em Almería, e continuaram a interrogá-la.

– Conhece ele?
– Não.

O *Bebe* olhou com satisfação. Os tupas sabiam o que responder nesses casos.

Dois dias depois, aos 22 anos – "comemorou" seu aniversário na chefatura –, Chela entrou em Cabildo. Para ela, que havia crescido ao ar livre, aquele confinamento foi desestruturante. Sentia como se as paredes estivessem caindo sobre ela. Queria olhar o céu, mas todas as oportunidades pareciam estreitas. Dava 100 voltas correndo no pátio por dia. E quando não estava correndo, estava cozinhando, fazendo tarefas domésticas ou estudando.

Violeta Setelich, professora, procurou aumentar seus conhecimentos formais: ensinou-a a fazer resumos, a ler livros. Chela aprendeu com entusiasmo, embora no fundo temesse que o conhecimento a fizesse perder as raízes. Os *cañeros*, sua família, os trabalhadores: aquela gente não tinha tantas complicações. Diziam o que pensavam com 2 palavras, não com 20. E levavam uma vida simples, concentrada diariamente em um único objetivo: encontrar o que colocar na boca.

Chela não entendia as reviravoltas da intelectualidade. Por isso tinha mais contato com Xenia e Mirtha, e não com as outras, que demonstravam sua irritação de forma cada vez mais clara. Não suportavam as macumbas nem o entretenimento vazio. Uma vez até esconderam as páginas de uma peça de teatro que tinham feito por diversão.

O atrito entre os grupos produzia combustões diárias. Certa noite, Raquel Dupont – uma das velhas do grupo e mulher de temperamento forte – reagiu a um comando imposto pelas estratégicas. Dentro da direção, uma companheira estudante de medicina tinha ordenado que a comida não fosse temperada com pimenta, porque causava hemorroidas. Mas ainda que isso pudesse ser verdade, quando chegou a vez de as anarquistas comandarem a cozinha elas decidiram desobedecer e encheram a comida de pimenta. Quando deu a primeira garfada, Raquel se levantou e bateu na mesa – um sistema de tábuas e cavaletes montado e desmontado no espaço das oficinas – com tanta virulência que os pratos voaram junto com um palavrão.

– Puta que pariu!!!

Raquel saiu. As outras companheiras permaneceram imóveis. Marx tinha razão, pensou Mirtha: as revoluções são a lixeira da história; trazem à tona o melhor e o pior das pessoas. Quanto tempo mais elas aguentariam naquela panela de pressão? Mirtha jurou a si mesma que não ficaria presa por mais de um ano. Sairia de qualquer maneira. Inventou mal-estares para ser levada ao hospital, pediu para ir ao dentista. Até que um dia suspeitou que uma fuga estava sendo planejada – viu os mesmos movimentos suspeitos e em horários estranhos que a *Parda* tinha notado – e enfrentou as estratégicas.

– Quando vamos fugir? – perguntou.
– No final de julho – foi a resposta.

Àquela altura, as mulheres da Micro – o grupo dissidente promovido pela *Parda* – já estavam cientes e em ação. Batiam no chão para dar coordenadas espaciais; desentupiram um bueiro – uma obstrução doméstica – para evitar que a equipe penitenciária viesse resolver o problema e visse indícios de que estavam cavando; deram descarga no banheiro inúmeras vezes; memorizaram seu lugar na fila (a *Parda* em penúltimo, Xenia Itté na frente, Susana Alberti atrás); e começaram a pensar quais objetos retirar da prisão antes da fuga. Numa visita, a *Parda* entregou aos pais um marcador de couro que Leonel lhe enviara e que tinha gravada a imagem do falecido *Che*. Em outra, mandou para fora um punhado de cartas. E, numa terceira, xingou porque a família, acreditando que estava lhe fazendo um favor, tinha trazido um violão para ela: não havia como tirá-lo em duas semanas sem levantar suspeitas. Mas, salvo alguns transtornos, o pavilhão estava pronto como o cenário de uma peça há muito ensaiada.

Ou pelo menos era o que elas achavam. Porque a 20 dias da fuga, uma operação policial desmantelou a Coluna 15 e a prisão se encheu de estudantes. Elas eram jovens demais. E eram muitas.

– Vixe, isso aqui é uma colônia de férias... – disse uma delas ao entrar.

Para algumas, a chegada das adolescentes era um vento fresco num momento em que era fundamental manter os ânimos acesos. Mas, para outras, aquele era um sinal de alerta. A irrupção imprevista demonstrava que os planos mais grandiosos estavam montados sobre a estrutura imaterial e traiçoeira de um ato de fé.

Tudo podia falhar. Não custava nada lembrar isso.

8.

– Mas quantos anos você tem?

Alba Antúnez estava de pé, absorta ante a profusão de imagens religiosas que havia na entrada da prisão. No Uruguai, após a separação entre Igreja e Estado, em 1919, os feriados religiosos foram rebatizados: o Dia dos Santos Inocentes era o Dia dos Inocentes, o Dia da Virgem era o Dia das Praias, e o Dia de Natal era o Dia da Família. Como era possível que num país laico houvesse uma prisão administrada por freiras?

– Eu perguntei quantos anos você tem.

Ela se virou e viu uma mulher com um hábito. Alba tinha longos cabelos castanhos, vestia um minikilt preso por um alfinete de segurança, botas de cano alto e um blazer curto azul – que estava na moda entre as tupas pois era fofo e cobria bem as armas encaixadas na cintura.

– Dezoito – ela respondeu.

A freira a observou. Alba tinha o olhar tranquilo de um potro.

– Tão nova e já metida nessa merda – bufou a religiosa –, entre.

Alba tinha caído em julho de 1971 numa operação de inteligência que havia levado à prisão muitos membros da 15, uma coluna militarizada e composta majoritariamente por estudantes. Junto com Lía Maciel – que tinha entrado pouco antes, sorrindo, convencida de que aquilo seria como um recesso escolar –, Alba era um dos membros mais jovens do movimento. Tanto que dois anos depois, já na ditadura, quando caísse num sistema de *rehenato* – que a manteria presa e em condições particularmente humilhantes durante muito tempo –, mais de um militar lhe faria a mesma pergunta: "20 anos e tupamara?".

Tudo em Alba, assim como em Lía, tinha sido precoce. Filha de uma modista de Salto e de um faz-tudo de Treinta y Tres Orientales, fruto de uma família de sete filhos e economia suada, Alba começou a estudar e a trabalhar antes dos 18 anos. Logo ingressou no MLN e passou pelas clássicas tarefas de iniciação. Primeiro, foi para o grupo de formação política – em que se "construía" o tupamaro –, depois, passou pelos Grupos de Ação de Formação, em que realizavam sobretudo ações de propaganda: tomada de fábricas ou de uma pequena rádio, e, finalmente, entrou nos Grupos de Ação propriamente ditos, que incluíam procedimentos armados.

Enquanto tudo isso acontecia, Alba, assim como a *Parda* e tantas outras mulheres do movimento, casou-se com um homem desconhecido para sua família. E não fez isso só para usar a casa nova como aparelho militante, mas porque o casamento era a forma de viver a dois sem levantar suspeitas, e Alba queria viver a dois. Tanto ela quanto seu companheiro estavam convencidos de que a liberdade ou a vida podiam ser curtas, e queriam ficar juntos o maior tempo possível.

– Nós adoraríamos que você tivesse um bebê. É só dizer que a gente começa a comprar a roupinha – disse-lhe sua sogra.

Mas, assim como aconteceu com a *Parda*, não houve bebê. Só houve corrida. Alba entrou na Coluna 15 e, de lá, resistiu o máximo que pôde aos embates de uma polícia cada vez mais dura. Desde o sequestro do embaixador Jackson, em 8 de janeiro de 1971, o governo tinha colocado todo o Departamento de Inteligência para caçar tupamaros. E a medida estava funcionando. No início de julho, houve uma operação que terminou com o indiciamento de 17 integrantes da organização, entre eles Adriana Castera, Ana Casamayou, Sandra Angeleri, María de los Ángeles Balparda, Marta Pallas, Lía Maciel – todas futuras "estrelas" – e Carlos Liscano, companheiro de Alba.

Liscano – que, décadas depois, dirigiria a Biblioteca Nacional sob a presidência de *Pepe* Mujica – estava transportando uma arma quando os militares o viram na rua, suspeitaram do tamanho de sua bolsa e pediram que ele a abrisse. Dentro dela, havia uma bazuca. Ele foi preso. Quando a polícia descobriu que era casado, apesar de ele ter dito que Alba não era militante, soltaram um mandado de prisão contra ela e foram procurá-la em casa. Poucos dias depois, Alba estava em Cabildo. Era começo de julho.

Alba caminhou com a freira pelo corredor principal do presídio. À medida que avançava, começou a ouvir o canto das companheiras. Estavam entoando o "Cielo", aquele hino militante que conferia à entrada um halo épico e fraternal ao mesmo tempo. Alba parou no pátio, diante de dezenas de rostos desconhecidos que, certamente – pensou ela –, aguardavam notícias de "fora".

A rigor, não havia muito que ela pudesse acrescentar. Pouco antes, em 9 de julho, Lía Maciel tinha caído e atualizado todas elas.

Lía era especialmente otimista. Aos 19 anos, tinha passado pelas mesmas etapas de formação de Alba – e de qualquer estudante – e viveu a chegada à prisão com fascínio. Lía acreditava no Homem Novo, na revolução socialista e na possibilidade de ser uma pessoa melhor, e entrou em Cabildo como se fosse o passo lógico de um futuro resplandecente. Mas Alba era mais cautelosa. Ela deveria falar apenas o indispensável, porque nunca se sabe a quem se está dando a informação. De todas aquelas mulheres, ela só reconheceu Yessie, que aparecia nos jornais. Então ela contou algumas novidades genéricas, enquanto inspecionava as demais detentas e se detinha num rosto perturbador.

– Vem que eu vou te mostrar onde fica a sua cama e te levar para conhecer o banheiro, os lugares...

Uma companheira, Stella Sánchez, tirou-a do transe e levou-a para conhecer as instalações. Por alguns minutos, Alba esqueceu aquele rosto e ficou à mercê de Stella: uma mulher de pômulos salientes e olhos delineados por duas sobrancelhas finas como as asas de um pássaro. Stella tinha caído recentemente. Havia participado de uma ação que terminou mal e teve de escapar pelos telhados. Ao ficar cara a cara com um policial, não teve coragem de atirar. Para não machucar alguém, preferiu a prisão: aquela construção áspera que agora mostrava em detalhes para Alba, como se estivesse explicando as particularidades de um novo trabalho.

– Aqui nós nos dividimos em oficinas, algumas companheiras chamam de "sindicatos" – disse. – Tem o de costura, o de couro...

Alba viu bolsas, gravuras, bonecos, carteiras, cintos, porta-mates; viu sabonetes e escovas de dentes guardados em esmerados sacos de juta com o nome de cada interna bordado; viu grupos de trabalho cooperativo, de estudo, de arte; viu objetos alegres como se fossem manufaturas feitas por um espírito entusiasmado.

– Também assistimos à TV à noite – continuou Stella e apontou para o aparelho, no refeitório. Comemos todas juntas e fazemos exercícios, jogamos muito vôlei, você gosta de vôlei? – Stella não esperou a resposta. – E há dois dormitórios: o pequeno, com 14 camas, e o grande, com 25. Este é o seu lugar.

Alba se acomodou num beliche de três andares. O lugar, pensou, era opressivo, mas ao mesmo tempo era um universo semelhante à sociedade pela qual ela lutava; um ecossistema tão perfeito que até as carcereiras entravam de duas em duas, porque temia-se que, caso entrassem sozinhas, fossem convencidas pelas presas a entrarem na luta.

Naquele mundo feliz, observou Alba, só havia um elemento estranho. Ela não conseguia se livrar daquele rosto sombrio que tinha visto na entrada.

– Stella, desculpa, quem é ela? – perguntou e indicou com a vista a mulher.

– Você não sabe? – Stella se surpreendeu. – É a Alicia Rey, por quê?

Alicia Rey era a tupamara que tinha chegado mais longe na hierarquia da organização. No entanto, nem todos conheciam seu rosto. Em muitas das reuniões de instrução só era permitido entrar encapuzado, por isso Alicia mantinha certo anonimato, embora sua presença dentro do MLN fosse forte.

Ela havia lutado por aquele espaço. Em 1968, quando o movimento teve que se dividir operacionalmente em duas colunas – a 1 e a 2 –, a *Negra* Alicia não foi considerada para liderar nenhuma delas, apesar de sua sólida formação política e militar, e se queixou de modo atípico para a época: falou de machismo no MLN, apontando especialmente para o engenheiro Jorge Manera e o *Velho* Marenales.

Nessa discussão, a *Negra* tinha o respaldo de duas figuras cada vez mais importantes: Tabaré Rivero e Amodio Pérez – seu companheiro –, que argumentaram a favor de uma maior igualdade de gênero. Graças a isso, e sobretudo à perseverança da *Negra*, a direção resolveu a disputa de forma equitativa. Prontos para gerar novas linhas internas, porque o MLN crescia cada vez mais, deram a Alicia e Amodio sua própria coluna, a 15, que se tornaria um mito dentro do universo tupamaro. A 15 seria a coluna das ações militares mais ousadas, e isso se devia não apenas a suas bases – era formada por estudantes com a audácia típica da juventude –, mas à personalidade de seus coordenadores. Alicia era uma das melhores atiradoras do MLN, a ponto de ter sido instrutora de tiro de muitos dos recrutas recém-ingressados na 15. E Amodio tinha a alcunha de "traca-traca" – apelido dado por *Bebe* Sendic, com quem tinha uma relação antagônica – em referência ao barulho que as metralhadoras fazem ao disparar.

Nesse casal, porém, havia diferenças. *O Negro* Amodio, um homem de ação, se destacava sobretudo por sua capacidade operacional e de combate, além da destreza com que utilizava as mãos para resolver qualquer tipo de problema, entre eles a falsificação de documentos. E Alicia, dona de uma robusta cultura política, seria lembrada como uma mulher inteligente e capaz.

– E feia.

– E magra.

– E sombria.

– Também autoconfiante e com nervos de aço – diria María Elia Topolansky, décadas depois. – E com a capacidade de ser o que quisesse: amável, quando queria, e uma filha da puta também.

Alicia vinha de Juan Lacaze, uma das duas localidades operárias – a outra era Paysandú – que o Uruguai teve nos tempos de atividade fabril. Lá, havia duas fábricas têxteis – Campomar e Soulas –, uma fábrica de papel – Fanapel – e algumas menores, que produziam farinha de peixe. Esse conjunto tinha gerado uma população altamente sindicalizada. A militância estava tão bem organizada que, nas fábricas, havia bolsas de estudo para os filhos de operários que quisessem ir para a universidade em Montevidéu, pagas com contribuições dos trabalhadores e das patronais. As bolsas eram concedidas aos alunos do ensino secundário que obtivessem as melhores notas e lhes permitiam custear a estadia na única cidade – a capital – onde se podia cursar uma graduação. Alicia ganhou uma dessas bolsas e foi para Montevidéu fazer o curso de direito. Uma vez lá, passou pelo Partido Socialista mas acabou no movimento tupamaro, no qual conheceu o *Negro* Amodio e conquistou um respeito que, após a aparente traição, se transformaria em profundo desprezo.

O que aconteceu com os dois permanece, em parte, um mistério. O único dado certo é que, em 1972, Amodio tomou uma decisão que envolveu sua parceira e que, para muitos, feriria de morte a organização. Em maio daquele ano, muitos meses depois das fugas, um grupo de militantes – entre eles Alicia, Amodio, Líber de Lucía, *Pepe* Mujica e Gracia Dri – teve de escapar da polícia pela rede de esgotos. Assim que puderam, Amodio e Líber de Lucía foram buscar apoio, enquanto Alicia ficou liderando a fuga pelos canos. Ela estava em desvantagem física: tinha uma das pernas engessada por conta de um acidente de moto; além disso, chovia torrencialmente, e as águas dissolviam a estrutura de gesso. Mas Alicia avançava rapidamente, sobretudo porque não tinha opção. Até que a polícia os alcançou e começou a atirar, atingindo Gracia Dri, que caiu ferida.

Quando Alicia a viu no chão, deteve-se e escolheu se entregar, para que ficassem com ela e deixassem o resto ir embora.

– Eu me entrego! Sou Alicia Rey! – gritou, justo quando estavam prestes a abrir fogo novamente.

Levaram-na presa.

Os demais companheiros – entre eles Mujica, que ficou no comando e carregou Gracia Dri arrastada – foram resgatados pelos tupamaros.

Amodio soube do episódio pela boca de Mujica e sentiu que a prisão da *Negra* estava acabando de romper o vínculo que os unia ao MLN. O movimento não dava a ele nem a Alicia um lugar condizente com sua entrega estratégica e militar, e isso teria consequências.

O que se seguiu, diferentemente dessa última anedota, é impreciso e obscuro. A versão oficial do MLN é que Amodio, ressentido por não ter o poder que desejava dentro da organização, ao ser capturado, fez um acordo com os militares: entregaria companheiros em troca da permissão de sair do país com sua parceira.

A versão de Amodio, contudo, é diferente. Em *Palabra de Amodio*, livro publicado em 2015 e com o qual rompeu-se um silêncio de décadas, ele conta que, ao cair preso, seus captores lhe mostraram uma série de declarações em que outros tupamaros, provavelmente sob tortura, falavam demais. Rosencof, Manera e Fernández Huidobro, entre outros, davam algumas informações sobre o MLN, e outro militante chamado Tino Píriz Budes entregava diretamente todos os dados necessários para desmantelar boa parte dos aparelhos do movimento. Píriz Budes, afirma Amodio em seu livro, tinha chegado a um acordo e não estava mais no país.

E as forças militares lhe ofereceram um convênio semelhante.

Para convencê-lo, disseram que a polícia estava prestes a encontrar a Cadeia do Povo, onde os tupamaros escondiam seus sequestrados. E que, se eles a tomassem de assalto, certamente responderiam lá de dentro com tiros e haveria um tiroteio que terminaria em massacre. Ninguém queria isso por uma razão principal: naquela casa, além de adultos, havia duas crianças, que faziam parte da família de fachada. Portanto, se não quisessem que uma tragédia acontecesse, tanto Amodio quanto Adolfo Wasen e Rodolfo Wolff – outros detidos com quem os militares também tinham falado – deveriam ir até a Cadeia do Povo e negociar a rendição.

Segundo a versão de Amodio, os três concordaram e decidiram aceitar. Mas foi pontualmente Amodio quem entrou para negociar – acreditavam que ele tinha maior poder de persuasão – e, por isso, foi ele quem acabou carregando a pecha de "traidor" e se tornou o responsável por todas as delações e detenções feitas dali em diante. E embora Wasen tenha tentado salvar o nome de Amodio – faria isso até sua morte, de câncer, em 1984 –, ninguém lhe deu ouvidos.

Amodio ficou manchado e diante de um panorama funesto. Em seu livro, ele diria que, durante sua detenção, recebera a notícia de que tinha sido "condenado à morte" pelo MLN. Portanto, se não quisesse terminar mal – disseram-lhe os militares –, seria bom que chegasse a um acordo para conseguir sua liberdade e o exílio. Se ajudasse a organizar alguns depoimentos obtidos sob tortura – cheios de nomes, pseudônimos e possíveis locais de trabalho ou estudo de integrantes de diferentes organizações –, poderia fugir para o exterior.

Amodio aceitou e aproveitou para negociar também a saída de sua companheira, Alicia Rey. Os coronéis atenderam o pedido e, dias depois, reuniram os dois. Alicia ouviu a proposta de Amodio no Batalhão Florida, o quartel para onde tinha sido levada após sua captura, depois da fuga de Cabildo.

– Ou colaboramos ou estamos perdidos. – dissera-lhe Amodio.

E embora digam que foi difícil convencer Alicia – a falar e a ir embora –, ela acabou aceitando e com essa decisão marcou o início de outra etapa. Ambos cooperaram e depois cruzaram a fronteira. Alicia fez isso grávida. Essa é a última certeza sobre a vida de uma mulher que, ao contrário de Amodio, desapareceu assim que saiu do Uruguai. Até hoje não se sabe se ela está viva. Não se sabe se é ou foi feliz. Sabe-se apenas que seu filho, ou filha, a chama por um nome que não é "Alicia".

Nada disso estava na cabeça ou nos projetos da *Negra* quando ela caiu em Almería e foi levada para Cabildo, com o espalhafato de quem transporta uma abelha-rainha da delinquência política. A única que suspeitou de alguma coisa – ou nem isso: a única que sentiu uma vibração premonitória – foi Alba Antúnez. Mas assim que Stella Sánchez lhe disse quem era aquela mulher, Alba relaxou e esqueceu sua desconfiança.

Era impossível, pensou, que o olhar de Alicia fosse claro. Alicia era um quadro importante e dos mais velhos dentro da prisão – 36 anos –, e era de se esperar que esse tempo de vida e de atividades militantes tivesse se instalado em seu rosto. A coisa certa a fazer, decidiu Alba, era se livrar do desconforto que havia sentido. Foi o que ela fez. Muitos anos depois, Alba voltaria a essa cena repetidamente, convencida de que naquela manhã uma máscara tinha caído e mostrado o futuro.

Mas faltava muito para isso. Naqueles dias de julho, o centro das atenções estava ocupado por outras questões.

– Nós vamos fugir, você pode escolher entre ficar ou vir junto – ouviu Alba.

A pergunta não era retórica. Se fugissem, ficariam em liberdade, mas teriam de levar uma vida clandestina. E nem todas tinham resistência para isso. América García, por exemplo, optou por permanecer na cadeia. Ela discordava das práticas do MLN e também precisava sair normalmente para ver Claudia Mariela, sua filha, sem se esconder. Mas o seu caso foi uma exceção: a maioria se juntou à fuga.

Alba disse que fugiria, apesar de sua pena ser leve e de que sairia em pouco tempo, e houve outras 37 mulheres que também aceitaram e fizeram do projeto de fuga um guarda-chuva comum sob o qual podiam se abrigar. Anarquistas, dissidentes, quadros políticos, bases perfeitamente alinhadas à direção: todas estavam determinadas a partir. Inclusive aquelas temerosas ou angustiadas que ainda não entendiam o que estavam fazendo na prisão e que passavam os dias se perguntando até que ponto aquele feito era fruto de uma convicção ou até que ponto aquela forma de militância era uma imensa maré pela qual, sem muita consciência, tinham se deixado levar.

Era esse – o confinamento, a proximidade da morte – o preço a se pagar por uma existência heroica?

Edda Fabbri, uma das últimas a chegar à prisão e a descobrir que estavam prestes a escapar, fez-se essa pergunta poucos dias depois de ser confinada. E continuaria a se perguntar pelo resto da vida.

9.

Aqueles brincos: ela tinha que entregá-los. As pequenas pérolas que ela estava usando e que ninguém havia pedido na chefatura, agora ela tinha de deixar na entrada da prisão. O fotógrafo do presídio – seria mesmo fotógrafo? – precisava tirar fotos de perfil, mostrando a orelha direita, e não podia haver enfeites.
– Os brincos, por favor.
Edda Fabbri sentiu o peso mínimo das pérolas em sua mão – pesavam quase tanto quanto uma alma – e as apoiou em cima de uma mesa. Na chefatura ela tinha sido obrigada a tirar os cadarços dos sapatos, o relógio e qualquer coisa que pudesse usar para atentar contra a própria vida, mas tinham perdoado aquele acessório do qual agora precisava se despedir.
Ela virou de lado e ajeitou o cabelo atrás da orelha. Seus dedos eram tão finos que era inevitável enxergar neles juventude e doçura. Edda sentiu o *flash*: um tapa de luz que alimentava a sensação de espoliação e confirmava que aquilo era uma cadeia e que a história ia ser longa. Estar presa não era uma bobagem: era uma sombra até então desconhecida. Não havia épica que compensasse o ultraje de entregar seus pertences a uma freira que fazia perguntas estúpidas e parecia ranger quando falava. Edda sentia pelos brincos. E também sentia a perna.
Sua perna estava doendo muito: parecia que estava encolhendo.

Edda vinha da Coluna 10, formada principalmente por estudantes de classe média bem-vestidos. As calças, os casacos Montgomery, os blazers azuis com botões de metal – como o que ela vestia ao chegar à prisão –, os sapatos de couro legítimo e sola de borracha que lhes permitiam passar o inverno com mais conforto: tudo remetia ao feitio social e intelectual de muitos membros da 10.
– Nome?
– Edda Fabbri.
– Data de nascimento?
Ela estava exausta de ouvir as mesmas perguntas. Felizmente a fizeram entrar rápido. Do outro lado, atrás das grades, viu as mulheres amontoadas com ponchos, gorros e roupas de lã coloridas – era inverno – e, ao ver que aquele era o seu destino, que sua sorte estava com elas, acalmou-se.

"Como foi que te pegaram?", "com quem você caiu?", "como te classificaram?" Edda ouvia em silêncio. Só conhecia Yessie e Lucía: as que tinham saído na imprensa. Mas o resto era um mistério. Fazia pouco tempo que entrara na organização. Tinha sido recrutada no final de 1970, aos 21 anos, quando estudava medicina. Filha de um casal de classe média de esquerda – mãe química e pai advogado de presos políticos –, e ansiosa para fazer parte da História maiúscula, ela aceitou a proposta de ingressar no MLN mesmo sem saber se estaria à altura da missão. Os tupamaros eram guerrilheiros, e ela era a favor da luta armada daqueles heróis modernos, mas não sabia o que poderia acrescentar a tamanha façanha.

Havia um dado que Edda ignorava: o movimento estava crescendo e perdendo pessoas ao mesmo tempo – poucos mortos, muitos presos – e precisava repor militantes. Não era preciso ser especial para ser recrutado. Edda era só mais uma – ela pressentia isso – e era bom que fosse assim. Entrar na organização era uma forma de resolver um dilema moral. Se ela acreditava que as mudanças seriam conquistadas à força, se acreditava que aqueles ricos *colachata* – como se referiam ao Chevrolet Impala, um carro associado às classes de maior poder aquisitivo – só largariam seus privilégios contra sua vontade, não era justo deixar o trabalho sujo nas mãos dos outros: precisava fazer a sua parte.

Edda foi passando de um contato a outro, de senha em senha, de codinome em codinome, até entrar na 10: uma coluna que não fazia ações armadas, mas "serviços", como a confecção de documentos falsos ou trabalhos de saúde. Edda observou que a 10 era formada por gente que vinha de uma origem semelhante a sua.

Certa tarde ela viu alguns companheiros falsificando documentos num apartamento confortável, decorado com quadros, móveis bonitos e com música clássica ao fundo, e pensou que aquele lugar poderia perfeitamente ser a sua casa ou a de qualquer amigo de seus pais. Edda descobriria um mundo diferente após a fuga, na clandestinidade, ao ingressar na Coluna 70, formada por trabalhadores, e morar em casinhas onde as portas internas eram feitas de cortinas.

Mas agora a 10 era uma versão menos traumática da luta social, que ao mesmo tempo propunha desafios cujo auge lendário eram o CAC e o CAL: os cursos de armas curtas e longas. Numa sala, em volta de uma mesa, encapuzada como os demais – o homem que ministrava o curso e as outras cinco pessoas presentes –, Edda tinha aprendido a diferença entre um revólver e uma pistola, os diferentes calibres, o jeito de carregar e descarregar uma arma, como limpá-la e guardá-la para que não acumulasse umidade, de que maneira apontar e como segurá-la – com o dedo longe do cão, a menos que se esteja prestes a atirar.

Ao contrário das primeiras turmas, de formação mais consistente, que primeiro praticavam o tiro cego – sem projétil, mas com alvo – e depois o tiro com bala, Edda tinha feito sua instrução sentada a uma mesa e sem disparar uma única vez. Depois tinha saído para roubar carros sem saber como reagiria se algum motorista resistisse ou se a polícia a descobrisse e começasse a atirar. Seria capaz de atirar também? Ou ela agiria como Stella Sánchez, que acabara de ser presa por não ousar balear um policial?

Por esse tipo de desfecho, que era consequência, ao mesmo tempo, de um modo indiscriminado de recrutar militantes e de expô-los a ações para as quais nem sempre estavam qualificados, Efraín Martínez Platero – irmão de Leonel – havia dito que o movimento tinha "engordado". E que isso não era o mesmo que crescer.

– Somos tupamaros, vamos tirar o seu carro de circulação por um tempo, mas nada vai acontecer com você – dizia Edda ao entrar no carro.

As pessoas não resistiam. Não era preciso sequer mostrar a arma, e isso era um alívio. Edda ficava nervosa com a simples ideia de andar armada. Em geral e, felizmente, nada dependia de sua força ou da sua determinação. O poder da palavra "tupamaros" era tamanho que a resposta era uma consequência desse nome, e não da atitude do militante. A pessoa descia do veículo e Edda saía caminhando com ela.

– Cuidado com o carro, por favor...
– Vamos cuidar dele, pode ficar tranquilo, e depois o deixaremos para você – Edda era suave. – Não queremos estragar o carro que você usa para trabalhar. E vamos te dar o dinheiro equivalente a um dia de trabalho.

Numa dessas vezes, na rua, em meados de 1971, quando Edda tinha 20 anos, ela e 4 companheiros deveriam se encontrar com um contato que não chegou. Deram mais algumas voltas e, durante essa perambulação, ouviram o barulho de um carro freando. Era um Maverick branco do qual desceram quatro agentes armados e à paisana.

– Na parede, mãos na parede! – ouviu Edda.

Ela foi até a parede e apoiou as mãos. De repente, ouviu um disparo.

– Ai! – a explosão a assustou. Sentiu uma pontada na perna direita, como se tivesse encolhido por um instante para voltar em seguida à posição original. Respirou apoiada contra a parede.

– Eles te feriram, fofinha.
Até que ouviu a voz de um companheiro. Edda olhou para a calçada e viu uma poça de sangue que se expandia lentamente. Ela olhou para aquilo com estranheza, como se fosse o conteúdo de um objeto avariado. Não sentia dor. Apenas uma tração, como se a perna fosse uma cortina enrolada. A minissaia cinza a impedia de ver o que estava sentindo. As gotas desciam por uma de suas nádegas.
– Sim – respondeu Edda, flutuando em sua própria perplexidade.
– Mulher baleada! – gritaram os policiais por seus *walkie-talkies*. Uma viatura da polícia chegou e Edda foi colocada nela. Seguiram para o Hospital Militar enquanto repetiam a mesma frase: mulher baleada. Edda os ouvia incrédula. Não sentia nada. Começou a mover os dedos dentro dos sapatos: eles respondiam. Tratou de tocar a perna: tinha sensibilidade. Concentrou-se em seus conhecimentos de estudante de medicina e começou a fazer a checagem: "Não pegou nenhum nervo", pensou. "Também não estou com hemorragia interna, porque se estivesse sentiria vontade de desmaiar".
Ela desceu da viatura e foi até a emergência andando. Um médico encontrou o orifício de entrada em uma nádega, mas não o de saída. Fizeram radiografias de tórax e abdômen e ela foi submetida a uma radioscopia: nada. Edda foi levada para um quarto e a fizeram esperar deitada numa maca. Fechou os olhos. "Se eu tiver tomado um tiro, pelo menos vou fazer um escândalo."
Outro médico chegou.

– Está doendo aqui – disse Edda. Ela apontou para a coxa direita, oposta à da nádega que tinha sido atingida. Eles a examinaram e aí sim encontraram o projétil, embutido finamente sob a pele. Ele havia passado de uma nádega a outra e descido pela perna direita.

– O trajeto das balas dentro do corpo é uma coisa insólita – disse o médico, enquanto retirava a munição com bisturi e pinça. – Veja.

Edda analisou a peça.

"Nove milímetros", pensou.

Ela tomou alguns pontos, recebeu tratamento e ficou internada por dois dias. Edda suspeitou que os médicos e as enfermeiras queriam ajudá-la, tratá-la com um pouco mais de atenção antes que fosse levada a seu destino: a cadeia da chefatura primeiro, a prisão de Cabildo depois. Edda permaneceu na maca durante todo esse tempo, de olhos fechados, sob vigilância de um policial. Em algum momento, sentiu uma cortina ser puxada – a que separava o quarto do corredor – e que alguém a observava.

– É ela?

– Sim.

– Tem certeza?

– Sim.

Já no tribunal, o magistrado questionou-a sobre seus companheiros e a organização. Edda negou a ligação, embora a 38 que carregava na cintura durante a operação a contradissesse.

– Agora vamos ao que importa – disse o homem.

A porta da sala se abriu e dois homens e uma mulher entraram. Ela não os conhecia. O juiz os fez sentar.

– Reconhecem ela?

– Sim.

– Têm certeza?

– Sim.

Ele olhou para Edda.

– O que você tem a dizer?

– Nada, eu nunca vi essas pessoas na minha vida – e era verdade.

O magistrado perguntou se ela havia estado tal dia em tal lugar, e ela respondeu a verdade: não. Então ouviu a palavra "homicídio". Ela estava sendo processada por associação criminosa – a arma que ela carregava era uma prova – e por ter participado de um tiroteio ocorrido dois dias antes, no qual um policial e um companheiro do MLN haviam morrido. Para isso, o juiz tinha trazido as testemunhas.

As pessoas se retiraram e o homem olhou para Edda novamente.

– Vou processá-la por associação criminosa.

Edda se surpreendeu.

– Mas eu não tinha matado alguém?

– Isso permanece em seu arquivo. Vou pedir a reconstituição dos fatos, mas *prima facie* não vou colocar "homicídio". Agora, preste atenção: você precisa arrumar um advogado.

Seu pai era advogado, pensou Edda. Por isso se permitiu uma frase valente:

– Quem vai me tirar da prisão não é a justiça burguesa. São os meus companheiros.

Isso foi tudo o que ela se atreveu a dizer.

Em Cabildo, Edda entregou seus brincos e entrou no pavilhão. Era junho. Faltava pouco para a fuga – da qual ela não fazia ideia –, mas Edda teve tempo suficiente para entender que estar presa não era do seu agrado e mais do que isso: era um pesadelo. A vida era montada sobre uma base organizada e solidária – compartilhavam as tarefas, a roupa, a comida –, mas também era marcada por conflitos internos facilmente perceptíveis. Edda soube que não devia andar com as da Micro, porque eram as párias do pavilhão. E entendeu que, assim como lá fora, era preciso respeitar as ordens e a estrutura do MLN, que continuava funcionando dentro da prisão com grupos, que tinham suas responsáveis.

Quem estava a cargo do seu era Yessie.

– Nós nos reunimos às segundas, quartas e sextas, das 4 às 6 da tarde – disse Yessie.

Edda a observou. Havia mais de um motivo para que Yessie aparecesse na imprensa: era aguerrida, mas também tinha aquele tipo de beleza que não é apenas resultado de traços – perfeitos –, mas de uma forma de felicidade. Yessie tinha um corpo chamativo e um rosto bonito, como o das gêmeas, além de um sorriso de dentes alinhados como um jogo de talheres de prata. Mas, acima de tudo, ela tinha uma alegria de viver que fazia Edda olhar para ela com fascínio, como se Yessie fosse uma flor exótica no topo de um cacto.

Yessie Arlette Macchi tinha 25 anos – nasceu em 1946 – e vinha da classe média alta montevideana. Seu pai era coronel. Ela tinha passado parte da infância em Washington e vivido aquela forma de felicidade inflamada que se vê nos filmes americanos: teve uma casa com varanda e jardim e aprendeu a falar inglês como se fosse sua língua nativa.

Não está claro, então, quando ou por que Yessie mudou. Mas sabe-se que, ao voltar ao Uruguai, demonstrou uma vocação mística – queria ser missionária na Índia, na Bolívia ou em qualquer outro país com população carente – e que, com o passar do tempo, esse fervor encontrou uma nova forma. Yessie começou a se interessar por temas políticos e teve um impulso de emancipação precoce. Aos 17 anos, fez um curso de secretariado para poder ter um emprego que lhe permitisse morar sozinha. E diferentemente de outras militantes que saíram de casa com um casamento que as ajudou a justificar por que estavam deixando o lar familiar, Yessie não deu explicações. Levou consigo uma vassoura e uma cama, instalou-se em um apartamento precário e experimentou uma liberdade que incluía, entre suas tantas variantes, escolher um enquadramento político.

Yessie passou pelo Partido Comunista – PC –, pelo Movimento Revolucionário Oriental – MRO, com o qual viajou para Cuba – e pelo Movimento de Esquerda Revolucionária – MIR [na sigla em espanhol]. Até que as discussões sobre o conflito sino-soviético, assim como aconteceu com a *Parda*, esgotaram sua paciência.

A China e a Rússia estavam muito longe do Uruguai. A verdadeira ruptura não era entre países, mas entre posições frente às adversidades: havia a teoria e havia a prática. E ela, mais do que pensar, gostava de sentir. Ela disse isso a *Flaco*, um amigo do MIR que tinha participado das marchas *cañeras* e que conhecia gente do MLN, responsável por marcar uma reunião com o movimento à qual ela também compareceu.

Era 1966, a organização não tinha mais de 50 militantes e eles foram recebidos pelo *engenheiro* Marenales. Yessie e *Flaco* não chegaram sozinhos. Estavam acompanhados por *Pepe* Mujica, que Yessie tinha conhecido no rancho de *Flaco*. *Pepe* seria seu primeiro relacionamento amoroso sério dentro da militância. E seria também seu primeiro objetor: *Pepe* reprovava suas minissaias porque dizia que eram pequeno-burguesas. Mas Yessie as usava assim mesmo. Eram sua roupa de secretária e ela gostava delas.

Essas atitudes entravam em conflito com o ideário de uma organização conservadora, como a maioria na esquerda. Yessie teve que passar por muitos testes para ser levada a sério. Um deles foi numa meia-noite de tempestade em que *Pepe* a chamou para roubarem algumas estufas juntos. Yessie estava pronta para ir a outro lugar, mas cancelou o plano, foi ao encontro e rolou na lama com seu parceiro. Com o dinheiro do roubo compraram, entre outras coisas, uma 38 com a qual compareceram diante de Marenales e foram incorporados organicamente ao movimento. Se o lema era "arme-se e espere", eles estavam dispostos a segui-lo.

Yessie foi crescendo no MLN e se distanciando de *Pepe*. Em 1968, viajou para Cuba e deixou *Pepe* em seu apartamento, sem imaginar que ele o usaria como base para diversas ações que nem sempre terminariam bem. Ao voltar, um ano depois – apaixonada por um cubano que acabaria morrendo em combate –, teve de entrar para a clandestinidade, por ser responsável por um imóvel fichado pela polícia. Foi então que ingressou no setor militar do MLN.

Era uma área adequada para ela: Yessie não tinha problemas com armas. Sabia atirar, consertar pistolas, centralizar fuzis, desmontar as peças e colocá-las de volta no lugar. E não tinha medo dos confrontos, porque conseguia ver, por trás de um homem, toda a rede de poderes que o despia de sua humanidade e o transformava em inimigo. Yessie chegou a matar em combate. E durante o sequestro de Dan Mitrione, integrou – junto com as irmãs Topolansky – o grupo que votou a favor de sua execução. Não era uma escolha emocional, mas estratégica. Além disso, Mitrione lhe parecia um monstro. Seu único lamento foi que o sequestro não tivesse possibilitado a troca de companheiros presos. Mas até isso, a possibilidade de fracasso, fazia parte da luta.

Assim como o triunfo. Yessie tinha escapado na Operação Paloma – ela havia sido capturada em 1969 por distribuir panfletos do MLN – e, nessa segunda etapa, outra vez em Cabildo, estava confiante de que fugiria de novo. Tinha caído novamente no final de 1970 em uma praça. A polícia tinha visto uma mulher bonita e bem-vestida conversando com dois sujeitos particularmente desalinhados e se aproximou para pedir os documentos. Acabaram na chefatura, onde foram identificados. E Yessie foi para Cabildo.

Chegou sorrindo, porque estava a par da primeira fuga – aquela que seria feita pelos telhados – e porque a vitória estava sempre em seu horizonte. Décadas depois, com muita dor e com mais de uma repressão nas costas, Yessie morreria de câncer misturado a problemas com álcool. Mas faltava ainda uma vida inteira para isso. Nos anos 1970, Yessie era como a lembrança que todos teriam dela: movia-se com algo que não era ingenuidade, mas uma confiança sólida na possibilidade de uma felicidade comum.

Era possível viver alegremente numa cela naqueles anos? Quando Edda observava Yessie pensava que sim. Mas se olhasse para o resto do quadro, ficava em dúvida. Na prisão, era impossível ficar sozinha, e isso era mais difícil do que parecia. Você tinha de comer, dormir, ler e pensar com gente em volta. E não se podia ter privacidade nem mesmo no banheiro, onde os banhos eram sempre às pressas e as mulheres se moviam feito minhocas saindo da água e dando espaço à próxima. Nos chuveiros, Edda conheceu as formas que o corpo feminino pode ter: a cor da pele, o tamanho dos mamilos, o tipo de pelos pubianos. Todas estavam peludas, mas fora isso – esse traço comum – o resto era um mistério.

Quando estudava medicina, Edda entrou na sala de anatomia e viu que nenhum dos corpos era como os desenhos das enciclopédias, com um contorno à caneta e os órgãos flutuando dentro, na tranquilidade do papel branco. Diante de um cadáver aberto, Edda aprendeu que não existe vazio no interior do corpo: está tudo tão cheio e tão cuidadosamente embalado que, se uma peça é retirada, é impossível recolocá-la do mesmo jeito. Quando as via nuas, Edda se perguntava quantas no pavilhão estariam desmontadas por dentro; quantas teriam perdido peças que, mesmo que aparecessem depois, não poderiam ser devolvidas ao seu lugar.

Era esse o resultado de uma condenação? Faz sentido se entregar completamente a uma causa? Edda tinha dúvidas; sentia como se algo delicado estivesse quebrado dentro dela. Algo que não era o corpo, mas o incluía. O que fazer com os pedaços?

A única coisa que podia fazer era aguentar; obedecer e aguentar.

Em 29 de julho, um dia antes da Estrela, Yessie a chamou de lado e falou com ela.

– Há uma fuga preparada para amanhã, quer participar?

– Sim – disse Edda.

– Não, não... você precisa pensar, não responde agora – Yessie fez uma pausa. – Fugir significa que você vai para a clandestinidade, que vai ser procurada, vai ter que mudar de nome, não vai ficar com a sua família... Pensa e me diz mais tarde.

Edda assentiu e foi para a cama. Era hora da sesta. O seu lugar ficava no quarto pequeno, próximo ao de Ana Casamayou, uma mulher – fotógrafa – que, décadas depois, encontraria quase todas as fugitivas para tirar seu retrato. Edda fechou os olhos e tentou pensar, tal como tinha sido instruída. Sua mente vagava entre opções que incluíam a morte e a possibilidade de cair ferida novamente ou de sentir muita falta dos pais, mas nenhuma pesava tanto quanto a promessa de liberdade. Edda se agarrou àquela ideia sem nem mesmo saber como ela se concretizaria. Mal sabia ela que, sob seus pés, como se fosse uma atividade secreta e natural de um corpo em aparente repouso, quatro homens terminavam sua tarefa e se preparavam para dar o último passo: quebrar o chão.

10.

Era preciso unir os dois mundos, o dos túneis e o da prisão. Em Cabildo, as internas não contavam com as ferramentas nem o acesso às oficinas que os presos tinham em Punta Carretas, por isso foi inevitável abrir o piso por baixo.

Os escavadores levaram um macaco hidráulico: eles fariam pressão até que o chão se partisse, e as mulheres abafariam os sons fazendo um barulho ainda maior. Nos dias anteriores, as reclusas se concentraram nos detalhes.

– Temos que fazer uma boa bagunça – disse uma delas.

– Vamos fazer uma festa de aniversário – disse outra.

– Vamos pedir um bumbo e usar as bacias – disse uma terceira.

E foi o que fizeram. No dia 30 de julho de 1971, organizaram uma festa que incluiu cantos, danças e torneios de vôlei. O barulho era tão grande que um vulcão poderia entrar em erupção sem levantar suspeitas no presídio. Enquanto Cristina Cabrera improvisava um sapateado em cima de uma mesa, um grupo de internas aproveitou o caos para se trancar no quarto pequeno. Eram 7 da noite. Elas ficaram paradas de frente para quatro lajotas e observaram o chão como um mentalista à espera de que a matéria inerte lhe dê um sinal. Sentiram três batidas. Responderam com outras três. O piso se arqueou numa corcunda, partiu-se ao meio e se desfez em escombros. Elas respiraram o cheiro de terra molhada misturado ao bafo pestilento do esgoto, cumprimentaram os companheiros e correram para tapar o buraco e encher o ar de aerossóis, desodorantes e perfumes.

As horas seguintes transcorreram como se nada estivesse acontecendo. Fizeram trabalhos manuais, jogaram truco e prepararam uma última refeição substancial que a memória coletiva, geralmente alegórica, lembraria como "arroz à cubana": o prato preferido de Yessie.

– Adriana, toma cuidado pra não comer demais, que com essa bunda você pode acabar entalada – disseram a Adriana Castera.

Elas estavam eufóricas. Edda Fabbri comeu pensando em como arrumar sua "boneca": ela já tinha recheado o pijama, mas não sabia em que posição colocá-lo. Como costumava dormir? Foi até seu beliche e testou opções. Depois se sentou e ficou esperando.

Embaixo, Gabriel Schroeder plantava pistas falsas e deixava sapatos e retalhos em tubulações que se bifurcavam na direção de outros cantos de Montevidéu. Em cima, as presas lavavam a louça ou se cumprimentavam antes de ir para a cama. As que não iriam fugir foram para o quarto grande, que ficava afastado do buraco. Três delas tomaram um sonífero. Queriam garantir um sono profundo e tinham comprimidos que haviam pedido nos dias anteriores sem chamar a atenção de ninguém: na prisão, a luta contra a insônia é frequente.

A quarta, América García, evitou os sedativos. Embora não fosse um projeto seu, a fuga era um episódio que exigia concentração. Deitou-se alerta. Observava os passos de suas companheiras como se fizessem parte de uma pantomima da qual era testemunha privilegiada. Todas estavam fazendo a coisa certa: parecer normais. Uma tupamara até pediu que uma guarda lhe desse um remédio, como todas as madrugadas, às 5 da manhã. A carcereira assentiu, despediu-se, passou pela cozinha, retirou as facas, colocou as travas de ferro nas janelas que davam para o pátio e foi embora.

A prisão era muito fácil com aquelas milicas, pensou América. Ao fim e ao cabo, elas também queriam voltar para casa e ter uma vida lá fora. Tempos atrás, durante uma peça de teatro encenada pelas presas para seus próprios filhos – que estavam de visita –, uma das vigilantes tinha desmaiado de angústia. Fazia meses que ela estava juntando dinheiro para comprar uma bicicleta para o filho, e alguma coisa naquela demonstração de amor, cheia de mães amando seus filhos sem envolver dinheiro, a atingiu a ponto de desmaiar. Essas eram as mulheres que agora colocavam os cadeados e trancavam à chave a porta principal.

Assim que elas saíram, Graciela Jorge se levantou e começou sua checagem. Bonecas, rádios, roupas, abajures acesos na sala: estava tudo pronto; era hora de ir embora.

Graciela se trancou no quarto pequeno com Yessie e a *Negra*, puxando em seguida o tapete e a tampa do piso. A primeira a descer foi a *Negra*, que rastejou pelo túnel até chegar à tubulação de esgoto. Gabriel Schroeder a recebe curvado com um fuzil AR-15 nas costas. Lhe dá dinheiro, uma lanterna, um caramelo e uma arma. Isso é tudo o que a *Negra* terá consigo em sua passagem pelos sumidouros. Algumas levarão acessórios essenciais – palmilhas para pés chatos, lentes de contato – e outras farão idiotices – isso é o que pensará a *Negra* – e carregarão alguma foto do namorado ou coisa parecida. Mas a ordem é queimar as cartas e deixar os objetos pessoais, e a *Negra* não é só aguerrida: ela é, como quase todas no movimento, disciplinada.

– Vamos, em frente, em frente! – alguém sussurra.

Ela avança. Atrás, estão Graciela e Yessie. A fila se completa lentamente e sem tumultos. No quarto pequeno estão apenas as poucas companheiras que devem descer imediatamente. O resto espera em suas camas. Chela está deitada ao lado de seu boneco e pensa em sua filha, Sonia Libertad, que já tem 5 anos: precisa vê-la. Não sabe, mas suspeita que a menina levará muito tempo para entender que sua mãe e seu pai a amam, que toda essa ausência – a destes anos e a dos que virão – não se deve à falta de amor, mas a um modo incontornável de entender o amor ao próximo.

Sonia Mosquera, presa desde abril de 1970, também pensa assim. Quando estiver na clandestinidade, sabe-se lá onde ou como poderá tocar seu filho ou que tamanho o menino terá quando ela o encontrar de novo. E *Nepo*? Ela também pensa em seu marido, Adolfo *Nepo* Wasen, dirigente do MLN agora em Punta Carretas.

Muitas se perguntam por seus filhos ou companheiros, quase todos presos como elas.

Lucía faz planos com seu parceiro – Armando Blanco Katrás –, a *Parda* com Leonel, Alba com Carlos Liscano, Edda com seus homens enredados. Lía Maciel pensa em *Flaco* – os dois foram detidos juntos, na cama, dormindo em uma chácara nos arredores de Montevidéu – e também na Vikinga, uma companheira loira e grandalhona, um pouco claustrofóbica, que irá à sua frente na fila. Que ela não tenha uma reação justo nos esgotos, pede Lía, porque Lía aguenta o que for – é corpulenta e atlética –, mas prefere evitar um ataque de nervos subterrâneo.

Quem dera Sonia estivesse na minha frente, pensa Lía. Sonia é pequena: fácil. Não é um quadro, mas é um bom soldado e sua condenação é pesada, por isso tem prioridade no grupo. Agora Sonia está descendo. Ela atravessa o túnel seguida por outra companheira, e outra e mais outra. Até que chega Alba, posiciona-se na frente de uma tupamara cadeiruda e rasteja os 18 metros com uma destreza que nem todas têm. Então recebe sua lanterna das mãos de Schroeder, que organiza corpos como se estivesse numa esteira de montagem.

– Vira essa bunda para o lado! – ouve Alba. Schroeder fala com carinho; a companheira de trás entalou no duto, mas Schroeder a empurra e consegue fazer com que siga seu curso.

Muitas falarão dos cachos loiros do rapaz. Filho de latifundiários decadentes, Gabriel Schroeder – vulgo Joaquín – morrerá num tiroteio em 1972, mas para sempre será evocado pelos tupamaros. Edda Fabbri se lembrará daquela vez em que ele esteve em sua casa, porque sua família o tinha abrigado na clandestinidade, e dirá que o viu dormindo e que parecia um anjo de pele tão pura que dava pena acordá-lo. Quando Edda avança pelo túnel e vê o cabelo de Schroeder, sente-se por um instante num lugar seguro. A perna baleada a atrasa, mas ela está tranquila porque Joaquín está ali para orientá-la naquele labirinto, que ela percorre tateando.

– Vamos, menina! Vamos, menina! – ouve. Schroeder é dois anos mais novo, mas a chama assim: menina.

Edda começa a andar pelo esgoto e vê as poucas mulheres à sua frente brilhando como um colar de vaga-lumes nervosos. Elas desviam das descargas domésticas que saem aleatoriamente das casas e ouvem o barulho das botas militares perto dos bueiros; pensam na maravilha que é estar indo embora sob aqueles passos. Nenhuma delas fala. Chupam aquele caramelo que algumas acreditam servir para aguentar os odores do esgoto, que outras supõem que é para evitar enjoos e que outras suspeitam ter um significado controverso: talvez os companheiros queiram ocupar suas bocas para que não conversem ou não gritem caso um rato apareça, por exemplo.

Coisa deles. Agora ninguém se detém em dilemas intelectualoides. As tupamaras escorregam pela sujeira e fazem da ideologia um escudo que as protege da angústia ou do pânico.

Todas parecem estar pensando a mesma coisa e escrevendo a mesma página, que ficará, se não na História, pelo menos na memória coletiva das 38 fugitivas.

Lucía se concentra na ideia de liberdade: um letreiro luminoso como os de cinema – é assim que ela imagina – a espera na saída e a faz lembrar que aquela rede subterrânea é uma metáfora para a existência que ela escolheu: um caminho difícil que se abraça para sempre, o da militância, o do amor ao próximo.

Nesse caminho, Alba continua, pode acontecer de tudo com você: levar uma surra numa manifestação, ser presa, chegar ao governo e voltar para a rua no dia seguinte para distribuir panfletos nos ônibus. E no meio disso tudo, talvez você se apaixone e veja seu homem morrer ao seu lado, ou talvez você seja morta ou ferida, e nenhuma dessas possibilidades jogará por terra a única certeza: que cada uma dessas peças, inclusive as terríveis, fazem parte do mesmo percurso, que tem apenas uma perspectiva: a do horizonte. Uma meta que te leva a dar dois passos, nem que seja só para ver o horizonte recuar.

"Que horizonte é esse?", pergunta-se Lía. Aquele que não tem explorados nem exploradores. Que concebe a fuga como uma das mais belas ações militares, porque não é sombria. Não é um sequestro, não é um justiçamento. É a emoção da liberdade e de estar em conjunto caminhando até ela.

Atrás de Lía, liderando o segundo grupo, está Mirtha Fernández Pucurull. Ela se senta na beira do buraco e apoia a palma das mãos nas lajotas frias. A ponta dos dedos acaricia a terra fresca. Mirtha fica pensando no que aconteceu e no que virá. Lembra que o futuro não inclui Fernán e, de repente, algo se petrifica em seu corpo. Mirtha permanece quieta, fora do tempo, até que um tapinha nas costas lhe indica que deve pular. Ela faz isso; ajeita-se para rastejar. Sente as agulhadas das pedras nas mãos. A passagem é tão estreita que parece não ter fim. Falta quanto? Ela começa a ficar sem ar, até que uma baforada nauseante abre seus pulmões. Pronto. Essa é a saída para o sumidouro. Mirtha coloca a cabeça para fora e acha que deve saltar, como num salto ornamental.

– Assim não, sua tonta! – ela escuta. – Dá meia-volta, coloca o traseiro no espaço à direita, estica as pernas para a frente e pula.

Não é Schroeder: ele partiu com o primeiro grupo. É outro companheiro que Mirtha não identifica. Ela fica sentada na boca do túnel, com as pernas penduradas, observando. Dois homens se comunicam por sinais. Um deles se aproxima, segura seus tornozelos e a puxa para baixo. Mirtha entende: querem que ela pule. Ela faz isso.

– Bem-vinda à pátria ou à tumba – ela escuta. – Me segue com cuidado, coloca um pé após o outro, abaixa a cabeça, vai iluminando com a lanterna para baixo e nem uma única palavra.

Ela consegue avançar quase erguida. Só precisa inclinar um pouco o pescoço para não roçar com a cabeça nos dejetos grudados na superfície. Mirtha respira como uma asmática. Vê a luz das lanternas apontando para o chão e se lembra da palavra "tumba". Não gosta dela, ou pior: não liga. Está tonta; antes que alguém perceba, vira errado e entra numa bifurcação do esgoto. Talvez o sonho recorrente que tinha na prisão tenha sido uma premonição. Talvez agora mesmo Mirtha esteja dando a volta para retornar ao presídio como uma vaca resignada com sua sina de trabalho. Mas ela não está sozinha: a sorte dela é a de todas. Então, segundos depois ela é resgatada e levada para o curral central. Lá está a Vikinga numa pequena crise: está com cãibras e travando a fila.

– Anda assim mesmo – sussurra Lía.

Todas avançam. As 38 já estão no sumidouro. Um companheiro fecha a primeira comporta – a que tranca o túnel que vai da prisão até o esgoto – e se prepara para fechar, em poucos minutos, a segunda: aquela janela, milimetricamente calculada, que se fundirá na parede até suas bordas desaparecerem e impedirá que a polícia veja por onde elas saíram. O tupamaro se une ao terceiro grupo. Nele, estão a *Parda* e Xenia Itté, a quarta e última companheira de Sendic: uma mulher boa para a retaguarda – em mais de um sentido –, que não hesitará em atirar se for preciso. Elas têm dez quarteirões pela frente, nos quais sempre haverá o risco de um completo fracasso. Olham para todos os lados, principalmente para trás, até que no meio do caminho a ideia de vitória começa a crescer.

Na casa, Mauricio Rosencof e Henry Engler observam o *berretín* aberto e vazio. Ouvem um barulho e veem despontar os cachos de Schroeder.

– Estão chegando – diz o rapaz lá de baixo.

O plano continua de pé. Toda a área está militarizada, portanto devem manter a cautela. Depois de Schroeder, chegam as primeiras fugitivas. *A Negra*, Graciela, Yessie, Sonia, Raquel Dupont: as cinco sobem, abraçam-se rapidamente – entre elas, com os companheiros – e seguem os próximos passos da operação.

Elas tiram as calças e os tênis sujos, lavam os pés e as mãos, desenrolam as saias, calçam sapatos novos – há pilhas de calçados separados por tamanho –, pegam uma arma pequena e um punhado de balas e recebem um documento falso. Rosencof tenta se comunicar com a central de comando – a poucos quarteirões dali – para combinar quem deve sair, em que ordem e para onde, mas o telefone está quebrado. O aparelho de discar tem uma mola solta, e toda vez que um número é discado, é preciso voltar o disco manualmente. É um detalhe, mas não há espaço para imprevistos. Rosencof está nervoso. É preciso colocá-las em diversos abrigos – casas, aparelhos, *berretines* –, e os que conseguiram não são exatamente confortáveis como uma casa de veraneio. O movimento não é uma imobiliária, pensa Rosencof enquanto observa uma Volkswagen se afastar com o primeiro grupo.

– Vocês cinco, entrem no carro! – alguém diz.

A ordem é para o grupo seguinte. Nele está Mirtha. Ela recebe uma capa de chuva – está chuviscando, há uma neblina densa –, uma arma, dinheiro e uma bolsinha. Mirtha a sacode: são munições. Ela entra no carro indicado. Senta-se ao lado do motorista. As outras companheiras vão atrás, deitadas no chão.

– Me abraça – pede o motorista. Eles precisam fingir que são um casal.

Mirtha pensa em Fernán. Carrega uma foto dele. Algumas companheiras levaram a agulha de crochê; outras rasparam a perna preparando-se para o encontro amoroso. Ela só tem aquele retrato: é só o que importa. Ela sequer sabe quais objetos deixou para trás.

No dia seguinte, América García verá no pavilhão os pertences que suas companheiras esqueceram ou que tiveram de deixar. Um violão, um pé de tênis, as revistas da Mafalda de Gricelda Borges. Tudo estará solto e perdido naquela temporalidade interrompida das coisas abandonadas à própria sorte. Mas isso acontecerá amanhã. Agora é madrugada e as mulheres, como numa ampulheta, escorregam para um lado e esvaziam o outro. Em Cabildo, com os olhos fechados, América percebe a mudança de estado: nota uma variação na composição do ar, como se não houvesse ninguém respirando ali dentro.

Então, de repente, ela ouve passos.

Há guardas no quarto.

– Elas não estão aqui – ouve América. – Fugiram, de novo.

Silêncio.

América aperta os olhos.

Com um pouco de sorte, pensarão as vigilantes, não será possível saber se a fuga é responsabilidade deste turno ou daquele que começa cedo. Que seja outra a ver oficialmente, quando o sol nascer, as camas vazias. Que outra puxe os cobertores e se depare com o fiasco dos pijamas recheados de trapos. Que outra cumpra a tarefa de avisar à diretora da prisão, que pegará o telefone e dará a notícia aos jornais. Um dia depois, publicarão a manchete "Fogem 38 subversivas" e mostrarão um buraco desprovido de magia, como aquelas passagens para uma quinta dimensão que perdem seu encanto uma vez que todos já se foram.

Mas agora, em plena madrugada, não é hora de anunciar a vergonha. América ouve os passos indo e vindo, como se a decisão não estivesse sendo tomada com o pensamento, mas com os pés.

– Não diga nada – escuta finalmente.

– Vamos embora – diz outra voz.

E os passos se vão.

E aquelas mulheres também.

EPÍLOGO

Domingo Trujillo voltou à casa um dia após a fuga. Ninguém morava mais lá. O casal de fachada não estava, e o interior continha o espólio acidental dos lugares que precisam ser abandonados com urgência. Havia algumas armas espalhadas, e o *berretín* estava mal fechado. Trujillo arrumou tudo, fechou a casa à chave e foi embora. O governo tinha declarado toque de recolher, e ele temia que a polícia aparecesse a qualquer momento.

Mas nada aconteceu. Demoraram meses para encontrar a casa. No final de 1971, os militares entraram com pistolas em punho, revistaram o interior e foram embora de mãos vazias.

Hoje o imóvel ainda segue de pé. É um chalé simples com uma garagem e dois andares no bairro de Villa Muñoz. Em 2011, o programa de televisão uruguaio *Código País* fez uma reportagem em que Henry Engler entrava na residência e mostrava onde tinha sido feito o *berretín* do qual saía o primeiro túnel, aquele que levava aos esgotos. Engler apontou para um piso sem graça e revestido por lajotas bege. Era a única coisa que podia ser vista e que eu queria ver.

Fui à casa três anos depois, em 2014, quando *Pepe* Mujica ainda era presidente. Um pôster com seu rosto estava pendurado na janela de cima. Parecia um lençol ao sol. Toquei a campainha. Uma velhinha abriu a porta de camisola.

– Uma fuga? – disse.

Parecia um fantasma. Ela explicou que era inquilina e fechou a porta.

A distância entre a casa e a prisão era de dez quarteirões. Comecei a caminhar. Visto da superfície, o itinerário feito pelas estrelas parecia ingênuo. As ruas estavam pacificamente enfeitadas por árvores, e os carros, de vez em quando, faziam um barulho metálico e cansativo ao passar pelas tampas dos bueiros. A prisão também tinha esses modos provincianos. Era um edifício pequeno – comparado a qualquer outro presídio –, cercado por barraquinhas de rua que vendiam comida, roupa íntima e bugigangas importadas da China.

Não havia mais presas lá dentro. Não estava claro o que havia lá. Em setembro de 2011, a prisão tinha sido fechada por superlotação – havia 420 reclusas num espaço projetado para abrigar apenas 100 – e as internas tinham sido transferidas para outros estabelecimentos. Desde então, o edifício vinha lentamente se transformando num fóssil urbano. Em 2017, seria declarado "espaço de memória" e teria uma placa comemorativa na entrada. Mas faltavam três anos para isso. Quando fui lá, o lugar era inclassificável: não parecia uma prisão, muito menos um museu. Em um dos muros, todos ainda coroados por círculos de arame farpado, via-se a entrada da igreja – por ela haviam escapado na Operação Paloma – e uma pequena porta aberta. Cruzei a soleira.

Lá dentro, havia um balcão vazio, uma televisão ligada e uma grande janela que dava para um pátio com paredes parcialmente demolidas. Estavam reformando

– os operários eram presos vindos de outras prisões –, e as paredes exalavam o frio fúnebre dos canteiros de obras. Muitos minutos depois, uma guarda apareceu. Perguntou se eu precisava de alguma coisa. Era uma mulher sorridente, com as orelhas cheias de brincos e dentes amarelados pela nicotina.

– Eu queria saber se foi aqui que aconteceu a fuga da Operação Estrela – disse.

Ela olhou para mim desconcertada. Seus olhos azul-claros lembravam uma paisagem alpina. Um guarda atarracado entrou pela porta. Estava bocejando.

– *Che*, você já ouviu falar de alguma fuga daqui? – perguntou ela.

– Uma que aconteceu em 1971 – atalhei.

O homem deu de ombros.

– Eu nasci em 1976 – respondeu.

Após a fuga, os destinos foram variados e, de certo modo, comuns. As que ficaram na prisão foram levadas para a chefatura e interrogadas sem violência; um tempo depois, foram postas em liberdade, seguindo os prazos próprios de cada condenação (nesses casos, as penas eram baixas). As demais, porém, voltaram para a prisão, com exceção de quatro: Mirtha Fernández Pucurull, Gricelda Borges, Nora Maneiro e Ana Casamayou, que não caíram porque se exilaram. O Uruguai não era um lugar para se estar naqueles anos.

No final de 1971, depois das fugas de Cabildo e Punta Carretas, o Uruguai – o que restava de suas instituições – teve eleições nacionais dentro de um sistema de Lei de Lemas. O resultado foi pouco representativo da vontade popular. Embora o Partido Colorado tenha reunido 49% dos votos entre todos os seus candidatos, sua figura principal, José María Bordaberry, recebeu individualmente apenas 22%: um número inferior ao de Wilson Ferreira Aldunate, do Partido Nacional, que obteve 25%, e muito próximo do de Líber Seregni, único candidato da Frente Ampla, que recebeu 18% dos votos.

Bordaberry, portanto, chegou à presidência com um nível de legitimidade muito baixo. A maioria dos uruguaios não o apoiava e até a embaixada dos Estados Unidos o definiu em um informe como "claramente não brilhante". Dessa cabeça, saíram as novas medidas do governo. Bordaberry instalou uma gestão liberal e repressora com os tupamaros, mandando aplicar o que no MLN se chamou de "linha da besta": técnicas de interrogatório que incluíam torturas e que, longe de dissuadir a militância, acabariam provocando um recrudescimento dos métodos mais radicais de luta.

A escalada de violência provocou fortes divergências dentro do MLN. *Bebe* Sendic foi para Paysandú a fim de traçar, junto ao engenheiro Juan Almirati, as bases do Plano Tatu: um esquema com foco no campo que consistia em fazer poços subterrâneos – tocas de tatu – para abrigar o sem-fim de clandestinos que tinham ficado sem rumo após as fugas. Na capital, o movimento ficou sob o comando da Coluna 15, liderada então por Gabriel Schroeder, que retomou o Plano Cacau – a linha virulenta do MLN – e promoveu, entre outras ações, incêndios em clubes de golfe, invasões de povoados, o sequestro do editor de um jornal colorado – *Acción* – e o assalto a uma delegacia de Soca, que terminaria com dois policiais mortos – um deles, pelas mãos de Yessie Macchi.

Longe de consolidar o movimento, esses excessos acabaram por miná-lo. O governo reagiu com toda a sanha que o Estado permite, e mergulhou o Uruguai num lodaçal de toques de recolher, patrulhas militares, tiroteios, invasões de domicílio e pedidos de documentos nas ruas. As forças conjuntas não hesitavam na hora dos confrontos. Entre 14 de abril e 15 de novembro de 1972, 2.873 tupamaros foram capturados e 62 morreram em tiroteios. Entre os caídos estavam Armando Blanco Katrás – parceiro de Lucía Topolansky – e Schroeder.

Isso foi só o começo. Em 27 de junho de 1973, convencido de que os tupamaros eram a ponta de um iceberg de subversão política e social, o presidente Bordaberry fechou o Parlamento e deu um autogolpe de Estado. Mesmo sem o próprio Bordaberry – que seria removido do cargo em 12 de junho de 1976 –, o golpe se estenderia até 1985. Durante esses anos, e também nos anteriores, 34 das 38 estrelas voltaram para a prisão.

Dessa vez não foram para Cabildo, mas para Punta de Rieles: um presídio onde ficaram trancafiadas por mais de dez anos e que, em alguns casos, funcionaria como pontapé inicial de uma modalidade ainda mais sangrenta: o *rehenato* ou sistema de presos-reféns, um método orquestrado pela ditadura com fins estratégicos e exemplares. Se algum funcionário público morresse pelas mãos dos tupamaros, o governo mataria um dos presos-reféns.

As moedas de troca foram 9 homens e 11 mulheres. Entre os homens estavam *Bebe* Sendic, *Pepe* Mujica, *Ñato* Fernández Huidobro, Mauricio Rosencof, Henry Engler, o *Nepo* Wasen e o *Velho* Marenales, que foram trancafiados durante dez anos em cubículos de um metro quadrado nos quais se concentraram, às vezes sem sucesso, em não enlouquecer. E entre as mulheres, havia quatro estrelas: Alba Antúnez, Yessie Macchi, Cristina Cabrera e Raquel Dupont, que rodaram por diferentes quartéis durante três anos – por isso, em muitos casos, falou-se em "ronda", e não em "rehenato" – em que sofreram torturas, humilhações e simulações de fuzilamento.

Das quatro, só consegui entrevistar Alba. Yessie e Raquel já tinham morrido – Yessie em 2009, Raquel, alguns anos depois – e Cristina se recusou a dar um depoimento para o livro. Ela foi, na verdade, a única estrela que não quis falar. "Perdoe o meu silêncio, mas esse assunto já deu para mim, eu o deixei para trás", respondeu por e-mail diante da minha insistência para que concedesse uma entrevista. "Todas elas são politicamente corretas. Eu não. Minha visão é diferente, eu vivi e senti de um jeito diferente. Mas entendo que isso incomode e irrite os que pensam que não está certo derrubar mitos, que não contribui em nada. A minha militância dentro do MLN foi pobre, e para ser coerente comigo mesma, pedi baixa. Não acho que eu seja representante de nada. Obrigada e espero que entenda."

Cristina tinha motivos para se calar. Em 2012, ela tinha escandalizado seus ex-companheiros de organização com o depoimento dado em *Las rehenas* [As reféns]: um livro publicado pelos pesquisadores uruguaios Marisa Ruiz e Rafael Sanseviero que abordava o período de *rehenato* sob uma perspectiva de gênero e com foco no silêncio que havia caído sobre as onze mulheres.

"Sendo esposa de alguém você estava a salvo, mas ser mulher solteira e clandestina era a pior coisa que podia acontecer, porque você era um ser desprezível ou tinha que estar disposta a ver com quem iria dormir para poder sobreviver. Foi tão duro que tive vontade de me suicidar. Fui até Kibón para me dar um tiro, mas não consegui", disse Cristina no livro. Desde então, ela foi repudiada por muitas tupamaras – disseram, entre outras coisas, que o intercâmbio de favores sexuais não era verdade – e optou pelo silêncio, embora sua voz tivesse servido para dar nuances a uma história – a da militância feminina – que ainda está sendo escrita.

O livro *Las rehenas* – um título de semântica polêmica e política [pois traz uma inflexão de gênero que, como no português, não existe formalmente] – fala justamente disso. Quando, em março de 1985, uma lei de anistia libertou os presos políticos, os nove reféns – os homens – deram a primeira coletiva de imprensa em liberdade e se converteram na pedra fundamental da narrativa pós-ditadura. Já as mulheres foram, mais uma vez, apagadas da História, dentro de um procedimento discursivo que explicaria, também, o silêncio sobre a Operação Estrela.

"Eles eram os reféns, e nós, as da rotação, as da ronda, dançando uns boleros...", ironizou Yessie Macchi em *Las rehenas*, que conseguiu colher seu depoimento antes que morresse.

– As mulheres foram desaparecidas do relato público. Estávamos interessados em pensar o que torna algumas memórias mais significativas que outras e como esse domínio se relaciona com outros tipos de submissão – disse Rafael Sanseviero durante uma entrevista que fiz com ele e Marisa Ruiz em Montevidéu, no ano de 2015.

– Em 1985, algumas mulheres brilhantes do MLN não se sentiram representadas naquela coletiva de imprensa dada por um grupo de iluminados saídos da prisão – acrescentou Marisa Ruiz. – Obviamente, não havia feminismo no amplo espectro da esquerda uruguaia, mas essa organização silenciou especialmente a voz dessas mulheres, porque não era interessante que elas falassem: se saíssem do discurso monolítico da organização, podiam desafiá-la. Nesse contexto, a fuga da Estrela não foi lida como uma demonstração do poder militar do MLN, mas como uma ação de propaganda armada "simpática e atrevida". Era mais conveniente enxergá-la assim.

Passada a Operação Estrela, Cristina Cabrera foi procurada não só por ser uma fugitiva, mas também – ou principalmente – por ser companheira de Raúl Bidegain Greising. Quando a encontraram, toda a fúria repressiva caiu sobre ela em dobro. Ela levou tantos tiros que perdeu boa parte do fígado e ficou com um pulmão ligado ao intestino. Antes de perder a consciência, conseguiu engolir um papel com informações, livrar-se de sua pistola automática – que nunca tinha usado – e segurar uma fotografia de sua família. Então sangrou num pátio durante horas. Em sua casa de Montevidéu, em 2016, Edda Fabbri lembrou do episódio assim: "Acho que Cristina esteve morta e ressuscitou depois de morta. Eu vi com os meus olhos. E vi a Yessie. Todas nós fomos torturadas, mas nunca vi duas pessoas tão destroçadas quanto Yessie e Cristina quando chegaram a Punta de Rieles".

Yessie e Cristina têm algo mais em comum: ambas passaram por tribunais morais – simbólicos – dentro do MLN. Mas Cristina não foi absolvida, e Yessie sim. Mesmo que essa absolvição talvez tenha chegado tarde demais.

Yessie caiu presa em 1972, na cidade costeira de Parque del Plata. Estava grávida de três meses e escondida com seu companheiro, Leonel Martínez Platero – que tinha se separado da *Parda* –, em um aparelho do MLN. Alguém entregou o endereço da casa e a polícia chegou. Após uma troca de tiros, Leonel foi assassinado com um único disparo nas costas, e Yessie conseguiu escapar pelos fundos da construção. Bateu em muitas portas em busca de abrigo, mas ninguém abriu, até que esvaziou seus três cartuchos contra a polícia e, já sem balas e com um projétil cravado na perna, jogou a arma sobre a cabeça de seus perseguidores. Foi presa na hora. A polícia bateu tanto nela que quebrou seu fêmur e ela perdeu o bebê. De lá, levaram-na para o Hospital Militar, onde continuaram a torturá-la com afogamentos e choques elétricos. "Tenho gravada até hoje a voz do cabo que me levou para o hospital: 'Não perca seu tempo me dizendo que está grávida, você não vai ter filho, nem meio filho, nem um quarto de filho'", lembrou Yessie em *Las rehenas*.

Yessie pisou em Punta de Rieles em fevereiro de 1973. Quatro meses depois, entrou numa ronda de reféns que, em seu caso – é a única a admitir isso publicamente –, incluiu não apenas tortura, mas também abuso sexual. Durante esses anos, a trégua que Yessie encontrou foi um vínculo criado por ela num dos quartéis, a uma parede de distância, com outro tupamaro, chamado Mario Soto, um operário que estava preso ao lado de Yessie em La Paloma. Soto tinha feito um buraquinho na parede e os dois passavam os dias conversando, até que ela lhe fez uma proposta: ter um filho.

Soto aceitou e achou uma maneira de se encontrarem que até hoje está em debate. Aparentemente, por ser habilidoso com as mãos, ele fazia artesanato para os guardas, que em troca concordaram em facilitar as visitas. Após seis encontros, Yessie engravidou. E com essa mudança de estado conseguiu, sem ter proposto, uma reviravolta impensável na política repressiva: o sistema feminino de reféns foi extinto para evitar denúncias de estupro por parte das Forças Armadas nos quartéis. Meses depois, as mulheres foram devolvidas a Punta de Rieles.

Yessie chegou à prisão com uma bebê nos braços: Paloma. E ficou sob o olhar de dezenas de mulheres que tinham entregado sua idade fértil a um movimento que desaconselhava abertamente a maternidade. Algumas tinham abortado diversas vezes, esperando o momento certo para ter um filho. Outras tinham entrado na menopausa durante o confinamento. Outras tinham parado de menstruar devido a crises nervosas, à má alimentação ou às surras. E muitas consideraram a gravidez de Yessie uma dupla traição. Por um lado, acreditava-se que as prerrogativas de Soto não tinham nada a ver com suas habilidades manuais, e sim com o fato de ser um alcaguete. E por outro, as mulheres viram na maternidade de Yessie um reflexo invertido de suas próprias carências, do filho que nunca teriam. A *Parda*, por sua vez, tentou não se ater a isso. Caiu presa pela primeira vez aos 22 anos e saiu de Punta de Rieles aos 40; durante todo esse tempo, soube que não poderia fraquejar pensando nos anos que estava perdendo atrás das grades. Entre uma prisão e outra, sim, teve tempo de se reorganizar política e sentimentalmente. Após a fuga da Estrela, pediu uma reunião com a antiga direção, apresentou suas dúvidas e, com esse diálogo, habilitou a possibilidade de reingresso no grupo. Além disso, conseguiu se encontrar com Leonel, que tinha fugido de Punta Carretas, e os dois decidiram ser livres: manter um relacionamento na clandestinidade e com divergências políticas não era fácil. A *Parda* teve outro relacionamento, e Leonel se apaixonou por Yessie, para depois morrer em 1972 naquele tiroteio.

Tomada pelas vicissitudes daquela vida, a *Parda* só começou a se questionar sobre o futuro dois meses antes de ser solta. Quando em janeiro de 1985 ela foi mandada para um calabouço – o passo anterior à rua –, parou e pensou: o que farei comigo mesma? Hoje ela vive ao lado de seu companheiro – Germán González, que escapou no Abuso – em uma chácara que foi a primeira base do MLN, em Paysandú. Lá, nós conversamos por horas, fiz a sesta em seu sofá e me comovi com uma das mentes mais aguçadas e humildes que a esquerda uruguaia já teve, e tem.

Nesse encontro, a *Parda* admitiu que todas elas, em maior ou menor grau, tinham feito Yessie pagar por aquela gravidez. Na prisão, durante algum tempo, ninguém lhe dirigiu a palavra. Décadas depois, se falaria dessa bebê como um ato de rebeldia, como um exercício de poder sobre o próprio corpo, justamente quando tudo parecia estar sob o domínio das forças repressivas. Mas essa leitura viria mais tarde. Na época, Yessie teve que suportar um vazio do qual, embora revertido posteriormente – as companheiras acabaram criando Paloma coletivamente –, talvez nunca tenha se recuperado. Yessie morreu em 2009 de um câncer que foi agravado por problemas de depressão e alcoolismo, os quais, para alguns, poderiam ter origem nessa história. – Quando ela esteve no meu setor, não falávamos com ela – disse Edda Fabbri durante a entrevista. – Nossa vida sexual estava em suspenso e talvez a gente não tenha perdoado Yessie por isso. Então é claro que ela virou alcoólatra. Nós a fizemos sentir o peso do nosso castigo. Temos uma parcela muito grande de responsabilidade na destruição de Yessie, não me venham com historinhas.

A voz de Edda era genuinamente doce. Boa parte das entrevistadas tinham essa qualidade. Conseguiam encarar o passado sem sentir que nesse gesto, muitas vezes autocrítico, perdia-se a integridade. Além de haver estado com Edda e María Elia (a *Parda*), tive encontros com Graciela Jorge, Alba Antúnez, Lucía Topolansky, Lía Maciel, Gricelda Borges, Adriana Castera, Nélida Chela Fontoura, Xenia Itté, América García, Ana Casamayou, Mirtha Fernández Pucurull e Sonia Mosquera. Com outras não falei, ou porque tinham morrido (Yessie, Raquel Dupont, Graciela Darré, María Teresa Labrocca, Esther Uribasterra, Virginia Oliveri, Nora Maneiro, Telba Juárez), ou porque não quiseram falar comigo (Cristina), ou porque não puderam ser encontradas (Alicia Rey), ou porque estavam no exterior (Sandra Angeleri, Marta Pallas), ou finalmente porque encarnavam pontos de vista que pareciam já estar representados por outras vozes.

Mas as que falaram jogaram luz sobre um mundo que, até então, por razões que não estavam claras no início da investigação, parecia impenetrável.

– O problema também é que as mulheres falam pouco. Não se *entregam* a falar. Elas não se abrem. São paredes que você vai raspando e nelas encontrando sempre uma camada de tinta mais antiga. Com um companheiro você senta, toma uma grapa e ele te conta tudo. Mas as mulheres são fechadas nesse sentido – alertou Marcelo Estefanell (um tupamaro que participou da Operação

Estrela) quando lhe pedi ajuda para encontrar as primeiras fugitivas.

Marcelo – a quem sou muito grata pelo apoio no início deste trabalho – é escritor. Publicou *El hombre numerado*, um livro sobre sua experiência em Punta Carretas; e quando nos encontramos, achava-se fazendo entrevistas para outro livro que estava a caminho. É provável, então, que seu comentário fosse uma consequência de suas próprias tentativas infrutíferas de buscar a voz das companheiras. Se eu me limitasse à extensa bibliografia tupamara – centrada sempre nas figuras masculinas – e ao poderoso relato dos militantes com quem já tinha conversado naqueles anos, a hipótese de Marcelo poderia ser verdadeira.

Ñato Fernández Huidobro – morto em 2016 – era um show de retórica escrita e oral. Quando o entrevistei, em 2013, antes de se tornar ministro da Defesa de *Pepe* Mujica, ele estava fisicamente deteriorado, mas rejuvenescia ao falar. O mesmo aconteceu com Eduardo Bonomi, ministro do Interior de *Pepe*; com Mauricio Rosencof, a quem encontrei em seu apartamento em Malvín, a poucos quarteirões da casa onde ocorreu a queda de Almería; e com o *Negro* José López Mercao, que chegou a ser chefe de imprensa de *Pepe*: eles adoravam recordar; pareciam ressuscitar a história quando a invocavam.

Mas as mulheres eram uma incógnita. Tanto que fiz uma viagem antes de assinar o contrato para escrever este livro, com o único objetivo de ver se as tupamaras estavam dispostas a abrir a boca.

O primeiro contato feminino foi Graciela Jorge. Nós nos encontramos num bar em 2015. Graciela tinha um rosto plácido e maduro, ajustado ao presente. Havia pelo menos três décadas que sua vida era, senão tranquila, ao menos convencional. Com a chegada da democracia ao Uruguai, Graciela havia abandonado a clandestinidade e desempenhado, entre outras funções, a de coordenadora executiva da Secretaria de Direitos Humanos durante a presidência de *Pepe* Mujica. Além disso, naqueles anos, havia trabalhado no único relato feito sobre as fugas da prisão de Cabildo: *Historia de 13 palomas y 38 estrellas*, uma publicação que saiu por uma editora tupamara e que ela mesma tirou de circulação, por considerar que precisava ser aperfeiçoada e que carecia de perspectiva histórica.

Quando lhe pedi um exemplar, ela se recusou a me dar. Talvez fosse verdade que as mulheres eram duronas.

– É verdade que para vocês é mais difícil falar? – perguntei na época.

Graciela ergueu as sobrancelhas e sorriu com cansaço, ou talvez paciência.

– Que nós não falamos? Eu diria é que quase ninguém nos perguntou – respondeu.

Então ela olhou para a rua.

Estávamos no centro de Montevidéu e as pessoas andavam como se fizessem parte de um algoritmo ainda não decodificado. A vida dos outros é um mistério à vista de todos, pensei.

Acho que foi assim, com essa ideia, que este livro começou.

AGRADECIMENTOS

A todos os que deram seu testemunho.

Aos autores de livros – historiadores, sociólogos, escritores, colegas jornalistas – que usei como fonte para checar dados ou engrossar uma história: Graciela Jorge (*Historia de 13 palomas y 38 estrellas*), Pablo Brum (*Patria para nadie*), Raúl Vallarino (*¡Llamen al Comisario Otero!*), Marisa Ruiz e Rafael Sanseviero (*Las rehenas*), Lincoln R. Maiztegui Casas (*Orientales. Una historia política del Uruguai*), Leonardo Haberkorn (*Historias tupamaras* e *Milicos y tupas*), Silvia Soler (*La leyenda de Yessie Macchi*), Domingo Trujillo (*La casa de La Estrella*), Jorge L. Marius (*Palabra de Amodio*), Edda Fabbri (*Oblivion*), Nelson Caula e Alberto Silva (*Ana, la guerrillera*) e Mauricio Cavallo Quintana (*Guerrilleras*).

À incansável equipe da Planeta, especialmente Nacho Iraola – pelo apoio e pela paciência –, e a Ana Wajszczuk e Rodolfo González Arzac, por suas leituras inteligentes e edições delicadas.

A Margarita Monjardin, Christian Basilis, Hernán Casciari e Martín Felipe Castagnet, meus colegas da *Orsai*, porque esbarrei nesta história graças à bela revista que fazemos. Em 2011, enquanto escrevia um perfil sobre *Pepe* Mujica, ouvi falar pela primeira vez da Operação Estrela.

A Fernando de Barros e Silva, ex-diretor da revista *Piauí*, por apoiar e financiar uma viagem inicial, em 2015, que me ajudou a saber o que até então era uma intuição: que a fuga tinha elementos suficientes para ser transformada em livro.

À minha avó Maite Desmaras, pelos dias em Pocitos.

Às minhas amigas Agustina Rabaini, Adriana Amado, Leila Sucari, Cecilia González, Luciana Patrani, Mariana Liceaga, María Soledad Pereira, Karina Ocampo e Déborah Maniowicz, porque sempre estiveram comigo, deste lado do corpo.

A minha mãe, Lidia Mindlin, porque seu apoio é muito mais que uma ajuda concreta: é moral. Posso escrever também graças a isso.

A meu filho, Joaquín Fernández Burzaco, por sua bondade e pela espera em cada uma das minhas ausências, fora e dentro de casa.

E a Alejandro Guyot, por todas as suas formas de amor, honestidade e permanência. E pelo mate da manhã, antes de me sentar para escrever.

coleção **NOS.OTRAS**

Pronome feminino na primeira pessoa do plural. Desinência de gênero própria da língua espanhola. Sujeito do eu que inclui a noção de outro. Uma coleção de textos escritos por autoras latino-americanas, mulheres brasileiras e hispanofalantes de hoje e de ontem, daqui, dali e de lá. Uma coleção a favor da alteridade e da sororidade, este substantivo ainda não dicionarizado. Nós e outras, nós e elas, nós nelas e elas em nós. NOS.OTRAS pretende aproximar-nos, cruzando fronteiras temporais, geográficas, idiomáticas e narrativas. A proposta é pelo diálogo plural, dar voz e visibilidade a projetos literários heterogêneos que nem sempre encontram espaço editorial. Publicaremos sobretudo não ficção – ensaios, biografias, crônicas, textos epistolares –, mas prosas de gênero híbrido, fronteiriças à ficção, também são bienvenidas. Porque nosotras somos múltiplas.

Curadoria e coordenação editorial:
Mariana Sanchez e Maíra Nassif

coleção **NOS.OTRAS**

Conheça os títulos da coleção:

• *Viver entre línguas*, de Sylvia Molloy.
Tradução de Mariana Sanchez e Julia Tomasini.

• *Tornar-se Palestina*, de Lina Meruane.
Tradução de Mariana Sanchez.

• *E por olhar tudo, nada via*, de Margo Glantz.
Tradução de Paloma Vidal.

• *O mundo desdobrável – ensaios para depois do fim*,
de Carola Saavedra.

• *A irmã menor: um retrato de Silvina Ocampo*,
de Mariana Enriquez. Tradução de Mariana Sanchez.

• *Posta-restante*, de Cynthia Rimsky.
Tradução de Mariana Sanchez.

• *38 estrelas: a maior fuga de um presídio de mulheres da história*,
de Josefina Licitra. Tradução de Elisa Menezes.

Próximo lançamento:

• *Feminismo bastardo*, de María Galindo.
Tradução de Ellen Maria Vasconcellos.